行政書士の業務

その拡大と限界

阿部 泰隆

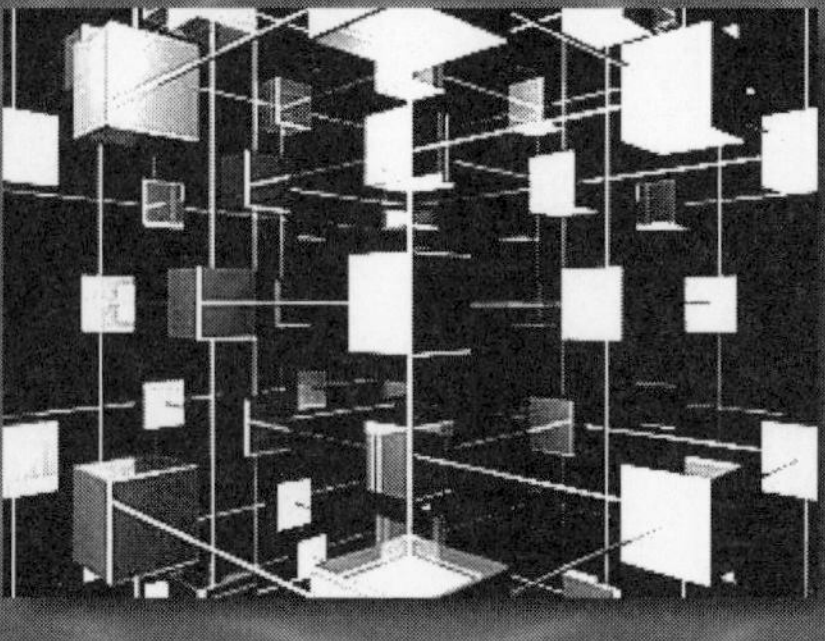

山 社

はじめに

行政書士は、①各種契約書等、私人間の権利義務に関する書類の作成、②土地・建物の調査・実測に基づく図面類の作成等の事実証明に関する書類の作成、③許認可申請書等、官公署へ提出する書類の作成、及びこれらの代理等を職務とする。

行政書士は、その名称からも沿革からも、③の官公署への許認可の申請等を主たる業務としているので、無数の行政法規を扱う法律専門家ではあるが、それに限らない。

たしかに、登記は司法書士の業務であり、税務申告は税理士の業務であり、社会保険関係は社会保険労務士の業務であり、「法律事件」になれば、つまり「紛争」性があれば弁護士に回さなければならない（弁護士法七二条）が、それ以外なら（法律事務であっても「法律事件」にならなければ）、行政書士は、①の一般の民事の法律事務を広く処理できるのである。法廷に立たず、交渉もできないが、法律問題を事務所内では処理できる、いわば「事務弁護士」とでもいうようなものである。渉外事務所の業務の多くは、裁判ではなく、紛争防止のために契約書の作成・点検を行うことであるが、行政書士でも予防法務なら同じことができるのである。知的所有権の重要性がますます増す時代であるが、特許の契約でも著作権の契約でも、契約書を作成できるのである。著作権は登記すれば第三者に対抗できる。身近な事件では、交通事故示談書、内容証明書を作成したり、遺言や遺産分割協議書を作成するとか、遺言執行者になることもできる。サラ金苦で自己破産しようという人のために任意整理案を作成して破産を免れさせることもできる。会社の設立・定款作成などもできる。

同じく「士」業の中で、司法書士は、もともと登記が中心業務で、簡裁代理権を取った認定司法書士でも、簡裁事件（訴額一四〇万円まで）の範囲内で弁護士業務ができるに過ぎず、広く権利義務に関する業務をすべて行うことはできない。これに対し、行政書士が扱う権利義務に関する業務には限定がない。権利義務関連の業務を広く行えるのは、弁護士の他行政書士だけなのである。行政書士の業務範囲がいかに広大であることが理解できよう。行政書士が「街の法律家」と自称しているゆえんである（詳しくは本文第一章第一節一）。

したがって食えない行政書士が多いと言われる中でも、専門的な実力と営業力を付ければ、普通の弁護士を超える億単位の高収入をも望めるようである。

また、東日本大震災では、被災者相談センターを設置して無数の相談に応ずるなど、社会貢献の点でも大きな役割を果たしている。

その試験は二〇〇〇年から行政書士試験研究センターで統一して行われるようになり、その難易度も、二〇一一年度（平成二三年度）の試験結果を見ると、申込者八三、五四三人、受験者六六、二九一人、合格者五、三三七人で、合格率は（都道府県毎に出されるが、全国平均では）八・〇五％である（行政書士試験研究センター、http://gyosei-shiken.or.jp/bunseki/bunseki_suii.html）。このようにそのレベルがアップし、また代理権が付与され、個人営業ではなく、行政書士法人を設立して、他の行政書士を雇用して業務拡大を図ることができる（行政書士法一三条の三以下、第一条の四）など、仕事の幅も広がる一方で、最近、規制緩和、司法改革の嵐の中で、軽易な業務の減少、他の「士」業との競争、同業者の激増等で、行政書士は厳しい競争にさらされ、新しい工夫が必要になっている。

自分から言うのも如何とは思われるが、行政法学を専攻している研究者の中でも、私ほど現行法の細かい規定と実態との関連も幅広く考慮して、行政法理論を工夫し解釈し（さらに立法への工夫をし）ている者は少ないと思っている（阿部の著書・論文はhttp://www.eonet.ne.jp/~greatdragon/books.htmlに掲載。特に『行政法解釈学Ⅰ、Ⅱ』（有斐閣））。そこで、行政書士会からの依頼に応じて、各種行政法規の解釈や行政書士業のあり方等について議論をすることになった（行政書士法に関して行政法研究者が書いた書物は、寡聞にして、筆者以外は、兼子仁『行政書士法コンメンタール第三版』（北樹出版、二〇〇八年）だけである）。

本書はそうしたものを整理したものである。内容は、行政書士法改正の意味や、業務独占、弁護士等の隣接「士」業との関係、行政不服審査・行政訴訟との関連、過剰な行政指導や法治国家違反行政への対応、情報公開法・行政手続法等の武器、規制緩和と弁護士増員の激震への対応、専門家の責任その他で、改正された行政書士法のもとで、行政書士がさらに飛躍するにはどうすればよいかを考察したものである。解釈論の他、立法論も広く扱った。あわせて、「行政書士法制入門」の意味をも持たせようと工夫した。

ただし、行政書士法全般の逐条解説は前記兼子仁著と総務省系の『新 詳解 行政書士法』に譲る。

「士業」も商売であるから繁盛するには営業力が必要であるが、これからの激動の時代に「街の法律家」として繁盛するには少なくとも、組織として法律上の権限を広げるとともに、与えられた権限を活用するために関連する法令と法理論をしっかり勉強して、それぞれの領域において弁護士などの侵食を許さない専門家になることが大切だ（必要条件だ）と言いたいのである。本文の冒頭に、「提言　行政書士は広くて薄い専門資格、弁護士も入れない専門性を確立せよ」と述べたのはこの趣旨の一部である。こうして士業が変わっていけば、日本の再生にもつながる（反町勝夫『士業再生』（ダイヤモンド社、二〇〇九年））。

弁護士との関係では、自ら弁護士業を行うよりも、紛争が生じたら行政事件専門弁護士と連携する方が業務がスムーズに行くと思う。

条文は一般の法令集に掲載されてはいるが、読者の便宜のため、行政書士法（全文、附則を除く）と弁護士法三条、七二条、行政手続法、行政不服審査法、改正行政事件訴訟法（二〇〇五年施行）の条文の一部を末尾に掲載して、使いやすいようにした。

本書は、基本的には、行政書士業の健全な発展を願っているが、行政書士にとって多少厳しい見方も混在しているように、御用学者に陥ることなく、国民への良好な法的サービスの充実に寄与するという視点に立っている。

全国四万二、三二八人の行政書士（行政書士法人数は二九二）（平成二三年九月末日現在）のさらなる飛躍と国民へのサービスの向上に多少なりとも寄与できれば、これにすぎることはない。行政書士試験を目指す方々にも、この仕事の課題をご理解いただく一助となると思っている。

なお、本書は二〇〇四年に出版した『行政書士の未来像』を、その後の素材を入れて大幅に改訂し、書名も新たにしたものである。本書を作るに当たっては、信山社の袖山貴さん、稲葉文子さんに大変お世話になった。校正については、立正大学准教授位田央氏のお世話になった。厚くお礼申し上げます。

二〇一一年九月

弁護士　阿部泰隆

（弁護士　阿部泰隆のホームページをご覧ください
http://www.eonet.ne.jp/~greatdragon/）

目次

参照文献
頻繁に引用する下記の文献はゴシックで引用する。

兼子仁『行政書士法コンメンタール第三版』（北樹出版、二〇〇八年）
『新　詳解行政書士法』（ぎょうせい、二〇一〇年）
行政書士会ホームページ　http://www.gyosei.or.jp/

コラム目次

◆提　言　行政書士は広くて薄い専門資格
弁護士も入れない専門性を確立せよ

●資格にあぐらをかいては、未来はない

行政書士の未来は明るいとは言えない。それは行政書士に限ったことではなく、高度成長時代のように黙っていても仕事が増えた時代とは違って、今日の日本では、先行きが明るいと言える仕事はそもそも少ない。安定した仕事と見られていた大学教授でも、いまや大学倒産の危機にある。学生の志願者が定員割れしているFランクどころか、法科大学院では中堅でも潰れそうである。大学教授は今のうちに、定年まで潰れない大学に脱走することを考えなければならない。歯医者も余っていて、あちこちに無数の看板が掛かっている。多額の借金をして開業しても、過当競争で破産しそうである。

周知のように弁護士は、「イソ弁」(事務所から給料を貰って仕事をする居候型弁護士)になれるならまだましで、「軒弁」(事務所の机だけを借りた独立採算型弁護士)、「携帯弁」(事務所なしで携帯電話だけで仕事をする弁護士)が増えている(「弁護士『若手の逆襲』」zaiten二〇一一年一一月号)。公認会計士は試験に合格しても実務経験を積む就職先がなく、正規の資格を取れない者が激増している。司法書士も、登記業務が減って、困っている(「司法書士『消える職域』」zaiten二〇一一年一二月号)。大会社でも、終身雇用が保障されるものではない。

ではどうしたら生き残りを図れるか。

既得権、資格、独占にあぐらをかいていては、未来はない。何事にも王道はない。新たなビジネスモデルの構築が必要である。特に行政書士の資格は、独占業務とするほどかどうか、規制緩和派からは常に批判されている。弁護士の業務独占(弁護士法七二条)の緩和を要求しすぎると、逆に、行政書士の業務独占を廃止せよ、

名称独占にせよとの反撃にさらされるかもしれない。そうなっても勝てるようにすることが必要である。どの業者であれ、資格に安住せず、顧客を大切にしてまじめに業務を遂行し、信頼性を高め専門性を高めて隣接業者、同業者との間で差別化を図り、仕事を増やすしかない。ミスすると長年の信用もすべてパーになる。

●「士」業の狭間で、同業者の激増に生存の危機

激増した弁護士は、資格の王として法律関係業務なら何でもできるので、隣接「士」業へなだれ込むだろう。私が若い弁護士なら、例えば相続でも、単に民法・民訴法だけではなく、相続税、譲渡所得税、登記、農地転用などをすべて行うワンストップサービスとして、顧客を開拓する。それぞれ別の「士」業に依頼するよりもはるかに安くなると宣伝する。

内容証明は、出すだけなら行政書士でもできるが、紛争になれば弁護士業務となる。顧客としては、結局は二つの「士」に頼むことになる。紛争の可能性がある程度あるなら最初から弁護士に頼んだ方が良い。

行政書士は、隣接「士」業になだれ込んでくる弁護士を迎え撃てるのか。行政法に詳しいなどと言っていても、弁護士は年間二〇〇〇人も行政法必修で学んできているから、理論的基礎がある。当該領域の勉強をすれば、行政書士以上の能力を発揮することは間違いがない。しかも、行政書士自体も、激増している。こんな状況では行政書士が飯を食うのは大変である。

●専門性の確保で顧客を確保せよ

行政書士の仕事の幅は広い。行政に関する許認可などは一万以上もあると言われる。そのほか、紛争になれば弁護士の業務だが（弁護士法七二条）、その前の段階なら、民事の契約関係も、事実証明もできる。特に、契約の代理権らしいもの（総務省の見解は、直接契約代理を行政書士の業務として位置づけるものではない。後述）を獲得して、単なる代書業ではなく、法務顧問的なサービスを提供できることとなった。しかし、法的にできることと顧客が来ることとは別である。

弁護士も、数が少なかった時代では、広告・宣伝しないで黙って座っているだけで、はっきり言って司法試験・研修を頂点に勉強をやめた人でも、「偉い」先生だと、仕事が来た。同業者の間の競争もそれほど激しくなく、しかも相当の収入があった。しかし、弁護士が激増した今日、弁護士の間でも競争が激しくなり、顧客の目も肥えている。専門性と信頼性を高めて初めて集客できる時代である。「士」にとっては大変であるが、消費者・利用者の立場に立って行われた司法改革の目的から見れば当然のことである。アメリカの弁護士に負けないようにしないと、日本の国力さえ危ないからである。

行政書士でも同じである。多くの行政書士は、ホームページでは何でもできる「街の法律家」として宣伝しているが、そんなことでは顧客には魅力がない。他の「士」業、同業者と差別化しなければならない。何でもできると言わないと、顧客を逃がすというが、逆にそんなことでは、すべての顧客を逃がすだろう。

そこで、まず自分が重点を置き、得意と言える分野を作るべきである。

では、なにがそれか。お客があちこちに点在していては、なかなか商売にならない。お客が近くにたくさんいるところを土俵にするべきである。そのうえで、弁護士がなかなか入ってこられないような領域で得意分野を作ることが肝要である。

ある元行政書士会長は億単位の稼ぎ頭と聞く。主たる業務分野は建設業である。小さな建設業者がそれぞれ経営事項の審査とか許可の書類を作るために職員を雇うよりは、行政書士にまとめて頼んだ方が安いし、同じような仕事なので、大量生産と同じで、原価を安くできる。お互いに得である。車の登録でも、一人一人やれば割りが悪いが、行政書士がまとめてやれば効率がよい（専門分野を「自動車」に特化、職員が一八五人もいる行政書士法人で繁盛している者がいる。反町勝夫『士業再生』（ダイヤモンド社、二〇〇九年）二九一頁以下）。

成年後見も、家族が一人一人やれば、面倒である。「士」でもあちこちにいる顧客を個別に取っていては割りが悪いし、高くなるのでお客も増えない。しかし、障害者施設、老人ホームでセールスし、まとめて引き受けるようにすれば、例えば一カ所で二〇人まとめて契約して貰えることがあるかもしれない。値段も一人月一万円と大幅に安くすれば顧客が付くだろう。

ある行政書士は、警察への告訴告発（検察への告訴告発は司法書士の業務）を専門にしていて、弁護士からも依頼が来るという。お客から告訴、告発してほしいという依頼がある時、簡単な文章を作って、警察に提出するくらいなら誰でもできるが、警察に受理してもらうのは容易ではない。警察では、被害届だけなら、警察署に書類を保存しておくだけで済むが、告訴告発となれば、検察庁に書類を送って、さらに裁判対応をしなければならないので、大変である。なるべくやりたくないのである。そこで、不受理で済まそうと、警察は説得を始める。筆者も脅迫犯を告訴しようとしたら、電話の向こうで「受理するな、被害届け出にせよ」と怒鳴っている上司の声が聞こえた。これを跳ね返し、告訴告発を受理させるには、警察が納得できるだけの証拠収集と文章、関連事案の知識・資料、説得技術が必要なのである。

行政書士で飯が食える領域はどこかと聞くと、外国人入管関係という答えが返ってくることが少なくない。ある市では、外国人の駆け込み寺になっている行政書士がいた。遺言執行、契約書面作りなどで、普通の弁護士が面倒がることをきちんとすれば、それなりの業務になるかもしれない。

●聴聞代理に行政書士は適任か、不得意分野に欲張るな

日本行政書士会連合会は行政書士の職域拡大を図っている。そのかいあってか、行政手続法の聴聞（行政が処分、決定にあたり、利害関係者に意見を述べる機会を与えること）代理が認められた。しかし、弁護士法七二条に違反しない範囲ということで、紛争になれば認められないのであるから、聴聞代理の意味がない（第四章第一節二）。職域拡大を図るなら、弁護士法に違反することまで違反しない扱いをしてもらえる条文を作る必要がある。

行政不服審査の代理は紛争であるからとして認められていないが、行政書士会では、これを獲得したいという意見も多い。

弁護士のほかに行政書士もこの領域に入ってくれれば、顧客の選択肢が増えて、サービスが良好になるとも期待される。

しかし、聴聞や不服審査は、行政との喧嘩・戦争である。行政書士は普段は行政と喧嘩しないで、指導に応じ、仲良くして許認可を取るのが仕事だから、代理権を取って、行政と喧嘩する元気があるのだろうか。自治が認められている弁護士とは異なり、県知事に懲戒処分権を握られているので、萎縮しないだろうか。喧嘩をすればかえって、行政とは喧嘩しないで済ませている通常業務に差し支えるのではないか。

しかも、行政書士は行政指導には応じてしまうので、後で行政の指導とか許可の握りつぶしが違法であるとの裁判をやったときも、指導に応じたのだから違法ではないとの判決で負けてしまった事例がある。将来もめると思えば最初から喧嘩を覚悟で、指導には応じないで、電話・口頭での話もすべてテープ録音をしておくべきである。この点で一般の行政書士に必ずしも適格性があるとも思えない。

また、聴聞や不服申立の手続は簡単だが、争点は実体法の解釈と事実認定である。この点について行政書士は詳しいと称するが、当該領域の細かい通達とか内部の運用には詳しいとしても、行政側の解釈が間違いだと、解釈論争を挑む力は、おそらく一般には足りない。十分にできないと弁護過誤の問題が起きかねない。

それでもやる元気と能力がある行政書士なら、リスクを取ってやっても良いだろうが、普通に考えれば、弁護士の中でも行政事件に強い専門弁護士にバトンタッチして、自分は手を引いた方が得策で、行政書士としての業務は、それ以外の分野で勝負した方が全体としてうまくいくだろう。

第一章 行政書士の業務とその拡大

第一節　行政書士の業務

一　行政書士の業務とノウハウ

1　独占業務──書類の作成業務

行政書士（及び行政書士法人）の業務独占とされている業務は、他人の依頼を受け報酬を得て、

(1)　官公署に提出する書類

(2)　権利義務に関する書類

(3)　事実証明に関する書類（実地調査に基づく図面類を含む）

を作成することの三つである（行政書士法一条の二第一項）。弁護士法、税理士法、司法書士法、土地家屋調査士法等で、それぞれの業務独占とされていない限り（同一条の二第二項）、これらは行政書士の業務である。一般私人は、これらの業務を報酬を得て業として行うことを禁止されている（同一九条一項、一年以下の懲役又は一〇〇万円以下の罰金、同二一条二項）。

行政書士は沿革とその名称から往々にして誤解されるが、官公署に提出する書類だけではなく、私人間の契約書類や事実証明に関する書類も広く作成できる。行政書士という名称は誤りで、法務士、法廷外法務相談士、

事務弁護士といった名称が適切である

(1)　官公署に提出する書類

①　業務範囲

これは「行政」書士の名称通り、行政と住民をつなぐパイプ役（「行政書士は、行政と国民とのきずな」、行政書士倫理綱領）としての行政書士が主に扱う業務である。

建設業・宅建業・建築士事務所の許可申請、経営事項の審査申請、入札資格審査申請、開発許可申請、産業（一般）廃棄物処理関連の届出・許可申請、農地転用の許可申請、風俗営業の許可申請、在留資格申請、自動車登録申請、車庫証明、自動車運送業許可申請、介護保険に関する指定事業所申請、財団法人・社団法人・医療法人・社会福祉法人設立業務、NPO法人の設立等がそうである。これらは多数の許認可申請業務の中でも、行政書士として商売が成り立つ業務である。

建設業、自動車等を扱う行政書士は多数の社員を雇用し多額の収入を上げている例が少なくない。

官公署に提出する書類でも、税理士、弁理士、社会保険労務士、司法書士の業務は基本的には行政書士には禁じられる（海事代理士、建築士との関係は、本書では省略、兼子仁『行政書士法』三二頁、三六頁、『新　詳解行政書士法四四頁以下』）。

なお、労働保険（労災保険・雇用保険）、健康保険、各種年金の手続は、一九八〇年八月三一日までに登録した行政書士に限り許される。その後は社会保険労務士の資格が必要である。

帰化許可申請書の作成については、行政書士・司法書士双方の業務範囲と解されている（昭和三七年五月一〇日、自治省行政課長回答）

②　「官公署に提出する書類」の意義

官公署に提出する書類の概念は、書類の提出先を基準として定立された形式上のものであって、書類の性質とは関係がない。そこで、この書類の中には、②「権利義務に関する書類」、③「事実証明に関する書類」もあれば、そうでない書類もある。また、これは、官公署に提出する書類として法令上の根拠を有するものである限り、すべて含まれるといわれるが、さらに、法令上の根拠を有しない書類、たとえば、行政指導に関する文書等も、それが官公署に提出される以上は、行政書士の業務になる。

「官公署」とは、国又は地方公共団体の諸機関の事務所を意味し、形式上は行政機関のみならず広く立法機関及び司法機関のすべてを含む。そして、それは、公権力の行使の主体としての性格を強く持つものに限られると説明されている（『新 行政書士法』三〇頁）。官公署に提出する書類を行政書士の独占業務としたのは、依頼者と官公署の間に、一般私人とは異なる法律関係が存在することを考慮したからである。したがって、特殊法人、独立行政法人、たとえば、住宅金融公庫（現在、住宅金融支援機構）自体は官公署ではない（昭和五二年七月一二日自治省行政課長回答）。

逆に、第五章第二節で述べるように、試験や検定を行う指定法人は、形式上は民間法人であっても、ここでいう官公署に当たると解すべきである。

◆在日大使館は官公署に当たるか

在日大使館、領事館への各種の申請においては、行政書士でない者が代理、代行している。大使館などは官公署ではないのか、これは、官公署への申請代理を行政書士の独占業務とする行政書士法違反ではないのか、という疑問が出された。

たしかに、大使館への申請も、官公署への申請に似たようなものである。

しかし、そもそも、大使館、領事館は治外法権を享受し、日本法の適用がない。それなら、行政書士法の適用がないのも当然である。それぞれの国の法制度によることになる。

◆司法書士との業際問題、裁判所、検察庁へ提出する書類

行政書士は裁判所や検察庁に提出する書類を業務として作成することはできない。行政書士法一条の二第二項に行政書士の業務制限規定があり、弁護士法、司法書士法、税理士法、弁理士法等の法律に反して業務を行うことは許されない。

例えば、検察庁への告訴状・告発状や法務局への登記申請書、裁判所に提出する書類を行政書士が作成することは司法書士法七三条一号、三条一項一号～五号によって禁止されている。

しかし、警察署への告訴状・告発状、検察審査会へ提出する審査申立書を行政書士が作成することは、司法書士法上の文言上禁止されておらず、むしろ官公署に提出する書類であるところから、行政書士法一条の二の業務として認められている（昭和五三年二月三日自治省行政課決定）。

なお、司法書士法改正により、二〇〇三年四月一日から、司法書士でも、認定司法書士は簡易裁判所において訴訟代理人として活動することができるようになった（司法書士法三条一項六号）。しかし、家庭裁判所、地方裁判所、高等裁判所、最高裁判所に提出する書類については従来通り代書業務として作成するだけである（同三条一項四号）。

③　代書ではなくコンサル

この業務は、もともと代書業に由来するが、実態は、提出書類の代筆ではなく、一種のコンサルである。なぜ、これが業務になるか。素人でもできないか。武藤繁雄「行政書士・業務への扉」（不動産セミナー一九九二年一―六月号）を参考にして、多少自分の知識を入れて説明する。

許認可は約一万件もあるといわれる。たしかに、こんな手続は素人でもできることが望ましい。そして、素人が自分で調べて許可を取っているものも多い。その辺の飲食店に聞くと、自分で許可を取ったという。少なくとも許可の更新はそうであるらしい。

（a）　法令は複雑

しかし、第一に、許認可の基準となる法令は複雑である。法律だけではなく、政省令、通達、行政指導等に通じなければならない。一般的に法律事務をやっているだけでは、初めてみる法律ばかりである。一つの仕事をするのにたくさんの許認可を取らなければならない。そのために提出する書類も膨大になる。

一つの許可でも複雑なものは多い。その例を挙げる。

たとえば、パチンコ店の営業許可を取るにも、パチンコ台という技術的に面倒なことから始まって、近所に入院設備のある診療所があればダメとか、細かい規制がある。近所に診療所もなく、出店できると思って準備したら、既存のパチンコ店が出店を妨害しようとして、診療所を誘致した事件もある。この場合、診療所が妨害行為をしているのだから、保護されることなく、新しいパチンコ店が許容されると考えるべきではないかと思ったら、判例（最高裁一九九四（行ツ）第一〇二号、一九九六年四月一一日第一小法廷判決、営業不許可取消請求事件）は、診療所が保護されるという。新規のパチンコ店にとっては不測の不利益であるし、既存のパチンコ店にとっては、競争業者の進入を妨害するうまい手段である。この辺の事情まで知らないと、パチンコ店の顧問をしても、失敗する（しかし、これは不合理である。しっかり理論構成して、裁判所を説得したい（阿部泰隆「風営法パチンコ出店妨害の解決策」『やわらか頭の法戦略』（第一法規、二〇〇六年）二三五頁以下）。

建設業法の定める建設業の許可要件は複雑である（『建設業法の解説改訂一一版』（大成出版社、二〇〇八年）八二頁以下参照）。

●過去五年間以上自営していた人

【業種（工事内容）が十分に確認できるよう五年間分以上資料がいる】

●過去五年間以上法人の役員（取締役）であった人

【建設業を営んでいたことが確認できるもの（当時の登記簿謄本等）】

●過去七年間以上個人事業主又は取締役に次ぐ職制上の地位にあった人（これは建設省告示で定められている）

【準ずる地位の証明書等が必要】

たとえば、法人の場合、五年間経営業務の管理責任者の経験を有する者（役員、支店長、事業主等）を常勤役員に入れていることという要件（七条一号）は許可の更新の時も適用されるので、役員が亡くなったら、代わりを探さないと廃業に追い込まれる。個人経営の会社にとっては大問題である。他の会社の役員でも、こちらの常勤になって貰えば、許可を取得できる。

また、建設業では営業所毎に、許可を受けようとする建設業に係る建設工事に関して一〇年以上の実務経験を有する者を専任でおかなければならない（七条二号）。ある人をスカウトしようとしても、前の会社の社長がこの実務経験を証明してくれないとき、どう証明するかという問題が起きる。

法律上は、証する書面の添付が必要で、それは様式によれば、まずは経営者の証明とされている（施行規則様式八号）。しかし、施行規則三条で、「その他当該事項を証するに足りる書面」とあるから、経営者の証明がなくても、その証明を取れない理由を説明して、別に証明を探せばよい。前掲『建設業法の解説改訂一一版』七五頁でも、使用者の証明書（これを得ることができない正当な理由があるときは、これに代えてその事実を証するに足りる適切な書面）とされている。このように頑張るには相当の専門知識が必要である。

◆専　任

この「専任」の意味について争われた事件がある。ある建設業者が専任技術者として届け出た一級建築施工管理技士のAは、実際には、市内において建築設計事務所を経営しており、専任の要件を満たしていなかったため、その会社は、出勤簿を偽造するなどして、同要件を満たすかのように偽装して本件申請を行った。ある県の建設事務所の窓口事務担当者は、本件会社の代表取締役Bから「社会保険にも雇用保険にも加入しておらず、出勤簿しかない」旨の説明を受けたため、他に何の書類も提示させることなく、出勤簿を確認したのみで申請書を受け付けて本庁に進達し、知事は許可を行った。この業者と住宅建築契約を結んだところ、欠陥住宅で大損した者が県知事の許可の違法を理由に国家賠償を求めた。

地裁は「その者の勤務状況、給与の支払状況、その者に対する人事権の状況等のいくつかの要素を考慮して判断すべきであって、……二〇日程度の出勤簿のみをもって七条二号の要件を充たすと判断したことは、要件の審査を尽くしたものとはいえず、侵害行為（本件許可）の原因は被告にもあったといわざるをえない。」として、虚偽申請により建設業の許可を受けた業者が施工した工事の瑕疵について、許可をした県に対する国家賠償請求を認めた（長野地諏訪支部平成二一年五月一三日判決、判例時報二〇五二号七九頁）。

これに対して、控訴審判決は、法七条二号所定の専任技術者について、「許可申請前に一定期間常勤していることを要求してはおらず、単に許可申請時に専任技術者が常勤していることを要求しているにとどまり」、「知事は、申請者にその事案に即した適切な書類を申請書に添付させ、その記載等からして常勤の専任技術者が置かれていると認めることができれば、当該申請を許可しなければならないと解すべき」であり（東京高判平成二一年一二月一七日判例タイムズ一三一九号六五頁）として、国家賠償請求を棄却した。

私見では、「専任」かどうかは実質審査しなければならない。社会保険や雇用保険に入っていなければ、専任でないと考えるのが普通であって、出勤簿だけでは足りないことは当然で、この判決は間違いであり、今後維持されるとは限らないと思う。行政書士がこの高裁判決を信頼して、建設業の許可申請を行うと、将来、建築を依頼した者から、建設業者だけではなく、行政書士も訴えられて敗訴するおそれがあるので、「専任」は本当かどうか、実質的に吟味すべきだと思う。

◆**違法申請**

ショベルカーの操作では、就労ビザが取れないので、高度の技術者として就労ビザを申請するのは不法就労を助けたことになり、違法。この手口が結構多いそうである（佐野誠『行政書士の仕事第3版』（中央経済社、二〇一一年）八八頁）。

（b）　行政の広範な裁量

第二に、行政には広範な裁量がある。法律の言葉は抽象的である。「善良」、「能力があること」、「できる」といったものである。そこで、どう判断されるかわからない。一九九四年の行政手続法で審査基準を公けにしておく制度ができた（第三章第六節）ので、これまで秘密になっていた判断基準が示されるようになった。少しはましになったが、まだまだ抽象的である。その内容は担当官が決めるが、基準に適合すれば許認可が与えられるので、証拠を収集して説得することが必要である。そのノウハウは公開されていない。転勤を繰り返す担当者よりも、長年の経験で実態を知っている行政書士の方が詳しいこともある。

たとえば、日本に留学ビザで来て、就職したいとき、あるいはそういう外国人を採用したいとき、外国人の在留資格の変更が必要になる。これは、出入国管理及び難民認定法二〇条三項に規定されているところで、「当該外国人が提出した文書により在留資格の変更を適当と認めるに足りる相当の理由があるときに限り」これを許可することができるとなっている。そこで、入管当局に広範な裁量がある。専門的であり、日本人では業務を行いがたいと許可されるらしい。会社がその外国人をなぜ採用するのか、採用する必要性はあるのか、単純労務ではないのか、専門性はあるのか、等が論点になる。会社の組織をこれに合わせて、国際業務室でも設置してその担当者にすれば、理屈が立ちやすいらしい。専門の行政書士なら、これができる。

農地転用許可の基準は細かく、市町村ごとに違い、しかも、隣地所有者の同意等、不合理なものが少なくない。本書では批判するところである（第三章第一節）が、とりあえずは突破しなければならない。

◆福井秀夫『官の詭弁学』に見る入管行政の裁量

この本（日経、二〇〇四年）は読んで喝采を叫んだ希なる物である。役所の審議会議事録などに見る役人の屁理屈のオンパレードである。面白いので、是非ご参照ください。このうち、入管行政の裁量のところを見よう。

入管法二二条二項は、素行が善良で、独立の生計を営むに足りる資産または技能を持つとともに、永住が日本国の利益に合すると認めたときに、法務大臣が永住許可を与えることができる旨規定しているが、これは抽象的すぎる。構造改革特区推進本部が二〇〇三年九月政府としての方針を決定したが、明記されているのは「一〇年以上日本に在留していること」「ただし外交、経済、社会、文化等の分野で日本への貢献が認められるものは五年以上で足りること」などの不透明な要件だけである。これ以上の許可基準は一切明らかではない。最近、「平成一六年度中に永住許可要件の明確化を図るため、我が国への貢献が認められ五年以上の在留実績により永住許可が与えられた事例を紹介する」として、事例が法務省のＨＰに紹介されているだけである。これでは、なぜ許可されたか不許可になったのかは不明である。

たとえば、科学技術研究者として活動し、科学技術誌への研究論文数十本を発表した実績が我が国の科学技術向上への貢献があったものと認められた（在留歴九年五月）例がある。

しかし、福井秀夫によれば、学術研究者についての「高度の学識」の判断では、本人から申告された内容について、外部の専門家等の意見聴取等を一切経ることなく、法務省入国管理局の職員だけが、掲載雑誌の学術的価値の水準等も承知せずに判断しているというのである。これでは「高度の政治的裁量」を勝ち抜くのは書類作成のテクニックに長けた者か、口の達者な者になってしまいかねないということになる。

本人自身の申告に基づく「評価」を、一介の行政官が、申し出の真偽の検証すらせずに行う仕組みなど、途上国の無名大学でも考えられない。法務省が行っている審査が「高度技術者等に関する」「政治的裁量」だと法務省自身が豪語できるという、この無邪気で独善的な姿勢にはあきれるほかない。

行政書士は、この権威ある政治的裁量を有する行政官をうまく説得しないと商売にならないのだから、これまた大変な専門家である。

◆入管の申請取り次ぎ行政書士

入管の手続は本人申請が原則である（入管法施行規則六条の二第一項）。

これは、申請する外国人の同一人性と申請意思を確認するため、また、申請内容に関連して不明な点があれば質問したり、不備な点の補正を指示したりするため、更に、申請結果を申請人本人に確実に伝えるためなど、外国人の入国在留の適正な管理のために申請人の出頭が必要であるとの考えに基づく。

ただし、取り次ぎ行政書士が担当すれば、本人の同行が免除される（同四項）。この制度は平成一九八九年六月に導入された。通知も行政書士に来る。しかし、建前として、これは代理権ではなく、代行とされている。もし行政書士に代理権を与えるのであれば、行政書士法の改正が必要である。

この資格は、行政書士、弁護士なら、地方入国管理局長（以前は法務大臣であったが、平成一六年一二月から権限委譲された）に所属会を通じて届け出れば足りる（研修は単位会の任務）。ただし、弁護士でも代理権はない。とにかく入管では本人出頭が原則であるから。

この制度は、在留資格認定証明書（同六条の二）、資格外活動の許可（同一九条三項）に適用があり、この一九条三項は、在留資格の変更（同二〇条）、在留期間の更新（同二一条）、在留資格の変更による永住許可（同二二条）、在留資格の取得（同二四条）、在留資格の取得による永住許可（同二六条）、再入国の許可（同二九条）に準用されている。

◆職務上の請求の濫用

住民基本台帳の閲覧は、以前は自由だったが、プライバシーの侵害事件が起きて、原則禁止となった。弁護士や行政書士などは、職務上必要があれば代理して戸籍謄本などを入手できる（住民基本台帳法一二条の三）が、行政書士会から交付される職務上の請求用紙を、報酬を得て、興信所などに横流しした事件があった（兵庫県、二〇〇五年）。指定暴力団などの捜査を担当する愛知県警の幹部らの戸籍や住民票などが不正に取得された疑いが強まったとして、県警は手続にかかわった東京都内の元弁護士や司法書士、依頼した男らについて、偽造有印私文書行使などの疑いで逮捕状を取った。相続など、うその内容の申請理由を書き込んだ書類を東京都内から役所に郵送し、戸籍や住民票などを取得した疑い（朝日新聞二〇一一年一一月一一日、一四日）

⑵ 権利義務に関する書類

① 権利義務に関する書類とは、刑法一五七条の公正証書原本不実記載罪、一五九条の私文書偽造罪にも見られる用語で、権利義務の発生、存続、変更、消滅の各効果（権利変動）を生じさせることを目的とする意思表示を内容とする書類である。

前記の住宅金融公庫（住宅金融支援機構）は官公署に該当しないが、これに対する融資申込書は権利義務に関する書類に該当するので、その申込みは行政書士業務となる。

②　この権利義務に関する書類の作成はメインではないが、大半の行政書士がやっているようである。遺産分割協議書、遺言書の作成、契約書、内容証明書、交通事故の保険金請求、会社の定款作成・議事録作成等がその例である。行政書士は遺言執行者にもなれる。

交通事故の損害賠償請求の際にコンサルする。本人が交渉しやすくなるように、賠償基準等を教えて、保険会社の提示した額が安いかどうかを明らかにする。交通事故の等級の認定についても、格上げせよと主張したりする。さらに、示談書の作成を行うことができるが、加害者がこれに応じなければ、告訴状を作成し、不起訴になれば、検察審査会に申し立てることもある。これらは紛争になっていなければ弁護士法七二条に違反しない。

相続や遺言に関する業務も増えている。

高齢者の財産は狙われやすい。成年後見制度で高齢者の財産管理を支援することも業務になる。これまでの禁治産、準禁治産の宣告に代わって、成年後見制度ができた。これまでの制度は戸籍にも載るし、鑑定費用もかかって、使いにくいものであったが、法定後見（民法八三九条以下）と任意後見（任意後見契約に関する法律）の二つの制度ができて、使いやすくなった。行政書士も後見人になって、被後見人のために財産管理、土地売買等を行うことができる。それには裁判所の選任する後見監督人が必要で（任意後見契約に関する法律四条）、公正証書で行い（同法三条）、登記を要する（後見登記等に関する法律）という制約がある。ただし、これは本来誰でもできる業務なので、司法書士、弁護士、さらに介護福祉士との競合業務である（zaiten二〇一一年一二月号二二頁）。

しかし、誘惑の多い業務である。財産を管理する任意後見人手続の契約を結んでいた女性から業務上の預かり金名目で三〇〇〇万円をだまし取り、自身の口座に振り込ませたとして、詐欺罪に問われ、懲役五年の判決を受けた行政書士もいる（秋田地裁、二〇一〇年）（毎日新聞二〇一〇年一二月二三日）。

東京地裁でも、成年後見詐欺で元行政書士らに懲役二年六月（求刑懲役三年六月）、懲役四年六月（求刑懲役五年）の判決を言い渡した。当時九二歳だった東京都杉並区の女性に、認知症などになった場合に財産を管理する任意後見契約を持ち掛け、遺言書の作成名目などで計七五〇万円を詐取。同年一二月には、女性の不動産売却で仲介手数料を立て替えたと装い、二〇〇〇万円をだまし取った（二〇〇七年一一月八日共同通信）。

さらに、成年後見、定期借家、遺言、遺産分割協議書等の契約関係は、原則として内容を自由に作れるので、工夫の余地がある代わりに、下手をすると、不利になるし、騙される。私はその参考になるように、『定期借家のかしこい貸し方・借り方』（信山社、一九九九年）という本を出版した。特に定期借家にするときは、書面で契約するほか、きちんとした説明義務があり、しかも期限の六ヶ月前に通知しなければならない（借地借家法三八条）など、注意すべき点が多い。

◈定期借地権のリスク

定期借家は建物の賃貸借であるが、定期借地は土地の賃貸借である。

定期借地権は、存続期間を五〇年以上として設定される（借地借家法二二条の事業用定期借地権については、その二三条に例外期間の定めがある）。この場合は契約の更新及び建物の築造による存続期間の延長がなく、並びに建物買取請求権もないというふうに定めることができる。これは土地を購入しなくても持家を確保することができ、賃貸人の方は永久に貸すことがなく、確実に取り戻せるということで、お互いにハッピーなシステムのように見える。

しかし、借地人からみると極めてリスキーな制度である。同じく定期であっても、定期借家とは全く事情は異なる。定期借家の場合、借主は確かに期限が来たら、家主からいてほしいと言われなければ出なければならないが、借家人の投資は大きくないので、失うものは少ない。しかも、従来型の普通借家と違って、権利金・敷金が割安なのが普通であるから、その損失はカバーできる。そして、定期借家契約期間中に、転勤その他事情があった場合はどうなるかということになると、借家人側の期限内解約を認める約款が入っているのが普通である。その根拠は民法六一八条である。したがって、例えば二年、三年の定期借家契約を結んで、転勤のため一年で退去しても残りの期間の家賃を払う必要はない。家主からみるとその期間内は解約できないので不利であるが、やむをえないとされている。なお、借地借家法三八条五項では、二〇〇平方未満の居住用建物賃貸借において借家人からの期限内の解約の申入れの制度をおいているが、これは借家人からの解約の申出をこれに限るという趣旨ではなくて、契約上借家人からの解約の申出を認める特約がなくても、この条項により借家人は解約を申し入れることができるとするものである。そして、これは強行規定であるから、家主がこれを排除する契約をすることはできない。家主からみればこれでは長期契約のつもりで格安で貸したが、結局中途退去されるというリスクがあるが、借家人の方からみれば、転勤・療養・親族の介護、その他やむを得ない事情がある場合であるから、例外としてこれを認めるというのが立法趣旨である。

ところが、定期借地契約のほうは、一般的に民法六一八条に基づく借地人からの解約権が規定されていないらしいのである。都市再生機構（かつての住宅公団）が神戸市の元舞子ゴルフ場を整備して造る舞多聞というニュータウンでは定期借地方式で土地を貸し出すが、その契約では五〇年の期限内に借地権を転貸譲渡することを認めるが、解約を認める規定はない。五〇年先では普通はとっくに相続が発生している。相続の時点で、古い建物のままそのままあと五年間、あと一〇年間住もうという奇特な人を見つけることは困難である。そうすると、相続人は五〇年目までずっと借地代を払わないとならず、払わないで済ませようと思えば、結局は保証金から差し引かれる。そして最後には、建物を自らの費用で取り壊し、原状回復して返還しなければならない。そこに住むとは限らない相続人にとっては大変な負の遺産である。

なお、相続人も相続放棄すればよいという意見があるかもしれないが、相続放棄はこの土地の分だけを放棄することができるのではなくて、全ての土地も全ての財産も、プラス・マイナスあわせて全て放棄する場合においてだけ認められるので、他に財産があれば相続放棄をしたくないわけであるから、結局この土地の債務を負担せざるを得ない。こうして、親が定期借地で建てた家に住むわけではなく相続する子どもは気の毒である。

建物が期間中に焼失した場合、それから建て替えると、最初から五〇年目に取り壊すのはもったいない。

さらに、建物が古くなると、どうせ取り壊さなければならないからとして、修理のインセンティブが働かないから、その街の建物はみな古くなってしまう。もちろん、定期借地権を更新するという方針が予め出されれば、借地人は建物を建て替える、補修するだろうし、転貸譲渡も容易になるだろう。しかし、それはその時の賃貸人の意向による。都市再生機構なら、あるいはその時に借地権更新の方針を打ち出すかもしれないが、その時、新しい事業の方がより成功の確率が高いということになれば、借地事業から撤退するかもしれない。一般の民間の地主であれば、孫子の世代にまで土地を残したいというのが定期借地権事業の動機であるから、結局はその土地を取り返して、新しい事業をする可能性が高いので、定期借地人のリスクは大きい。

この制度は五〇年先だから自分たちの問題ではないという無責任な作り方である。やはり、定期借地の場合も、相続、遠方への転居、要介護状態になったことなど、合理的な理由があれば中途解約を認める条項を入れるべきではないか。貸主のリスクは高まるが、均衡上やむをえないのではないか。定期借地、借家で相談があるときは、この点にも配慮してほしい。

◆借家人が行方不明の場合等の対策

①　阿部泰隆の賃貸住宅契約書案

家屋を賃貸する家主にとって頭の痛い悪徳借家人対策を考える。

借家人が、期限が来ても出なかったり、行方不明になったりすると、訴訟を提起して、明渡しを求めなければならない。これには大変な経済的・時間的な負担がかかるし、次の者を入居させるという契約をしていれば、大変な損害を生ずる。

そこで、期限を必ず守らせ、守らない者がいても、損害を最小限にする特約を入れる必要がある。私が家主なら次のような特約を入れる。普通の借家人はこれに応ずるだろうし、これに応じないような借家人は危ないから貸さない。

「賃借人が明渡し期限に明け渡さない場合において、次の入居予定者の入居予定日以降については、賃借人はこれによって生ずる損害を賠償しなければならない。その額は少なくとも家賃の三ヶ月分以上とみなし、賃貸人は三ヶ月分の家賃相当額を敷金から控除することができる。」

さらに、「次の入居予定者の有無にかかわらず、賃借人は、賃貸人に対して、違約金として、期間満了後は明渡しまでの期間の家賃の倍額を支払わなければならない」とする。

「賃借人が家賃を二ヶ月以上滞納し、かつ一ヶ月以上所在不明ないし連絡なき場合、賃貸人は明渡訴訟を提起することなく、本件賃貸借契約を解除して、本件賃貸物件の鍵を開け、家財道具を撤去し、保管に不相当の費用がかかる物を廃棄して、本件賃貸物件を自ら使用し、又はこれに第三者を入居させることができる。ただし、貴重品は六ヶ月間保管しなければならない。

連絡があった場合でも、三ヶ月以上滞納していれば同様とする。」

もちろん、悪い者は遅くとも期限切れで出て行ってもらえるように定期借家にするのは当然である。

これは自力救済であるから、違法ではないかという意見があろう。判例は、「私力の行使は原則として法の禁止するところである」ことが原則であり、例外として「法律に定める手続によったのでは、権利に対する違法な侵害に対抗して現状を維持することが不可能または著しく困難であると認められる緊急やむを得ない特別の事情が存する場合において」は、「必要の限度を超えない範囲内で」私力の行使が許されるとする（最判昭和四九年一二月七日民集一九巻九号二一〇一頁）。

「賃借人が賃借料の支払を七日以上怠ったときは、賃貸人は、直ちに賃貸物件の施錠をすることができる。また、その後七日以上経過したときは、賃貸物件内にある動産を賃借人の費用負担において賃貸人が自由に処分しても、賃借人は、異議の申立てをしないものとする」旨定めた賃貸借契約中の特約である自力救済条項を根拠に、マンションの管理会社が、賃借人の賃料不払に対抗し、従業員を無断で居室内に侵入させたり、居室の錠を取り替えさせたりした行為が違法であるとして、賃貸管理業者に一〇万円の損害賠償責任が認められた事例がある（札幌地判平成一一年一二月二四日判時一七二五号一六〇頁）。他方、賃貸人が、賃借人の賃料不払いを理由に建物賃貸借契約を解除した後に、建物の鍵を交換したことについて、違法な自力救済として不法行為が成立するとした上、賃借人に損害が生じたとはいえないとして、賃借人の損害賠償請求が棄却された例（東京地判平成一六年六月二日判時一八九九号一二八頁）がある。

上記の例は、家主に大変な経済的負担を及ぼし、裁判による権利救済は極めて困難で、高価であり、筆者の提案はぎりぎりの最低の私権の行使であるから適法というべきである。ただし、これは私見であって、裁判所で採用されるという保障はしない。

②　悪徳家主の「追い出し」規制法案

二〇一〇年＝平成二二年政府は「賃貸住宅における賃借人の居住の安定確保を図るための家賃債務保証業の業務の適正化及び家賃等の取立て行為の規制等に関する法律案」（以下「賃借人居住安定法」という）を閣議決定した。これは同年に参議院で可決されて衆議院に送られたが、第一七九回臨時国会が一二月九日に閉会継続審議とする決議がなされなかったため、廃案となった。

この法律案の骨子は、賃貸住宅の家賃等の悪質な取立て行為の発生等の家賃の支払に関連する賃貸住宅の賃借人の居住をめぐる状況にかんがみ、賃貸住宅の賃借人の居住の安定の確保を図るため、家賃債務保証業の登録制度の創設、家賃に係る債務の弁済の履歴に関する情報の収集及び提供の事業を行う者の登録制度の創設、家賃等の悪質な取立て行為の禁止等の措置を講ずるというものである。つまり、少子高齢化、人間関係の希薄化等により、連帯保証人の確保が困難なために家賃債務保証会社を利用するケースが急激に増加している中で、家賃債務保証会社により、鍵の交換、深夜に及ぶ督促等、家賃等の悪質な取立て行為の発生が増加していることから、急遽作成されるに至った法案である。

そして、賃借人居住安定法は、単に家賃債務保証会社を対象としているだけでなく、家賃等弁済情報のデータベースを作成する事業者や、家賃等の取り立てを行う一般の賃貸人も対象にしており、規制の対象が極めて広範に及ぶものであるため、賃貸事業を行っている人にとっては、法人、自然人を問わず、その法律案の内容を施行されるまでに正確に理解し準備しておく必要がある。

これはいかにも借家人の保護に資するように見えるが、しかし、筆者は、この法律にはいささか疑問を持っている。貧困者が入居しようとする際に家賃保証をする代わりに、家賃を払えない者を「追い出す」のは当然の経済的行動である。家賃を払わずに居座られたのでは、家主も、家賃保証会社も商売にならない。では、家賃保証をやめればと言うと、それでは家主が貸してくれない。借家人としては、借家がなければ、屋根の下に寝ることができない。家賃の支払いが心配なら、家主は保証を求める。保証人がいない者に対して保証会社がすることは手をさしのべることであり、それを「貧困ビジネス」として批判するには当たらない。追い出し方が強引であれば問題ではあるが、そもそも、借家人には家賃を払わずに居住する権利はないのであるから、(飲食店に行って、生存権だと主張しても、無銭飲食はできないのと同じ)、上記の私見のように二カ月滞納、連絡なしなら、鍵を交換することくらいは当然の自衛手段である。これを悪徳家主と非難する前に、家賃を払わずに居住するのは悪徳借家人だと言うべきである。そして、家賃を払えない人を救済するのは家主の仕事ではなく、国家の仕事である。生存権をいくら主張しても、それは家主に向けることではない。

また、このような法律ができれば、家主業は、悪徳借家人に引っかかるハイリスクな商売となるから、新規参入は減り、その結果借家不足で、かえって借家人層は損する。家賃を払う善良な借家人にとっては、この法律は悪法である。

(3)　事実証明に関する書類

行政書士法は、無資格で測量図や会計帳簿などの「事実証明に関する書類」を業務として作成することを禁じている。ここで、事実証明に関する書類とは、権利義務に関する書類と同じく、刑法一五九条にも見られる言葉で、不思議な言葉であるが、「われわれの実社会生活に交渉を有する事項を証明するに足りる文書」(大審院一九二〇＝大正九年一二月二四日刑輯二六巻九三八頁)といわれる。議員候補者を推薦するについて特定人に対し会合を催告する文書は、事実証明の文書であるとされた。具体例として、実地調査に基づく図面(見取図、平面図、測量図等)、内容証明書(交通事故調査書等)、商業帳簿(経理伝票、金銭出納簿、総勘定元帳等)、財務諸表(貸借対照表、損益計算書、決算書等)、履歴書(会社経歴書、略歴書等)、自動車登録事項等証明書(東京高判平成二年二月二〇日高刑四三巻一号一一頁)等が挙げられている。

内容証明郵便は「相手にどんな文書をいつ出したかを証明する効果を持つ」という意味では、事実証明に関する書類である。しかし、支払いの請求、契約の解除（民法五四〇条）、債務免除（民法五一九条）等の意思表示を内容とするものは、権利義務に関する書類である。ただし、これに関して相手と交渉すると、法律上の紛争に介入したことになり、弁護士法七二条違反となる。単に送るだけであるので、必ずしも力があるとはいえない制度ではある。

◆土地家屋調査士の業務独占に風穴？
――ぬか喜びのインチキ法務

平成一四年に成立し、一五年四月一日から施行された土地家屋調査士法には、業務独占が緩和されたのかと思うような条文ができた。

土地家屋調査士の業務は、改正前は、「第二条　調査士は、他人の依頼を受けて、不動産の表示に関する登記につき必要な土地又は家屋に関する調査、測量、申請手続又は審査請求の手続をすることを業とする。」とされていた。

改正後は、「第三条　調査士は、他人の依頼を受けて、次に掲げる事務を行うことを業とする。

一　不動産の表示に関する登記について必要な土地又は家屋に関する調査又は測量

二　不動産の表示に関する登記の申請手続

三　前号の手続に関する審査請求の手続」

となった。この改正は文章を整理しただけで、内容は同じと思われる。

業務独占規定は、改正前は、「一九条　調査士会に入会している調査士でない者（協会を除く。）は、第二条に規定する土地又は家屋に関する調査、測量、これらを必要とする申請手続又はこれに係る審査請求の手続をすることを業とすることができない。ただし、弁護士又は弁護士法人が審査請求の手続をする場合は、この限りでない。」とされ、「第二十四条　第十九条第一項の規定に違反した者は、一年以下の懲役又は三十万円以下の罰金に処する。」となっていたので、第二条の業務はすべて独占業務であった。

これに対し、改正法では、「第六十八条　調査士会に入会している調査士又は調査士法人でない者（協会を除く。）は、第六十四条第一項に規定する事務を行うことを業とすることができない。ただし、弁護士又は弁護士法人が審査請求の手続をする場合は、この限りでない。」となっており、「第七十三条　第六十八条第一項の規定に違反した者は、一年以下の懲役又は百万円以下の罰金に処する。」となっている。

独占されている業務は、三条の事務ではなく、六四条一項に規定する事務である。これは次のようである。

第六十四条は、「協会は、前条第一項の目的を達成するため、官公署等の依頼を受けて、第三条第一号並びに同条第二号及び第三号（同条第一号に掲げる調査又は測量を必要とする申請手続に関するものに限る。）に掲げる事務を行うことをその業務とする。」

ここに出ている前条第一項とは、「第六十三条　調査士及び調査士法人は、その専門的能力を結合して官庁、公署その他政令で定める公共の利益となる事業を行う者（以下「官公署等」という。）による不動産の表示に関する登記に必要な調査若しくは測量又はその登記の嘱託若しくは申請の適正かつ迅速な実施に寄与することを目的として、公共嘱託登記土地家屋調査士協会と称する民法第三十四条の規定による社団法人（以下「協会」という。）を設立することができる。」

そうすると、独占されている事務は、三条の事務全部ではなく、そのうち、公共嘱託登記土地家屋調査士協会が「官公署等」による不動産の表示に関する登記に必要な調査若しくは測量又はその登記の嘱託若しくは申請の適正かつ迅速な実施に寄与することを目的として、官公署等の依頼を受けて、第三条第一号並びに同条第二号及び第三号（同条第一号に掲げる調査又は測量を必要とする申請手続に関するものに限る。）に掲げる事務、に限るのではないか。第三条第一号並びに同条第二号及び第三号（同条第一号に掲げる調査又は測量を必要とする申請手続に関するものに限る。）の事務のなかで官公署関係のものだけが独占業務になるという趣旨で、民間からの依頼分は独占業務からはずれたのではないか。

それに、これまでと同じなら、これまでの立法スタイルに倣って、「調査士会に入会している調査士又は調査士法人でない者（協会を除く。）は、第三条に規定する事務を行うことを業とすることができない。ただし、弁護士又は弁護士法人が審査請求の手続をする場合は、この限りでない。」と規定するはずだから、そうしないで、わざわざ三条の代わりに六四条一項に規定する事務違反という条文を作る以上なら、これまでのしくみを変えるはずである。

このような疑問を持ったが、これは間違いで、当局によれば、規制緩和はされていないということである（第一五四回国会衆議院法務委員会第六号平成一四年四月五日、本間章一「司法書士法及び土地家屋調査士法の一部を改正する法律の概要について」登記研究六五六号五一頁（平一四年九月））。ひどい誤解を招く条文である。

理由は、六八条では、独占業務は、「第六十四条第一項に規定する『事務』としているのであって、六四条第一項に規定する「業務」とは書いていないから、官公署からの依頼業務のことを指すものではないという。「事務」と「業務」の違いに注意せよということである。それなら、なにも、第六四条第一項に規定する事務と書かないで、従来通り三条に規定する事務と書けばよいのである。

国会では、法務省は、「調査士の行う事務、これがたまたま条文も非常に近いということで、同じ文言をすぐ直後に繰り返すのはいかがなものかということで「六十四条第一項に規定する事務」という書き方をいたしまして、やや専門的に過ぎたかなとは反省しておりますが、法律的には誤解の余地はないと思っておりますので、御理解いただきたいと思います。」と答えているが、反省は口だけでは足りない。実行こそが肝要である。法律的に誤解の余地がないというのも、あとから解説を聞けばわかるということであるが、法律とは、通常人がそのまま読んで誤解の内容に作るべきものである。

このように、わかりにくい条文で、人を混乱させるのでは、専門的ではなく、立法者の資格がない。しかも、この改正法を読んで、民間から依頼を受けた場合には、三条の事務でも土地家屋調査士法に違反しないと思って、仕事をしていたら、刑事事件として立件され、「法の不知はこれを許さず」、法律の錯誤だとされてはかなわない。

◆測量は行政書士と土地家屋調査士のいずれの業務か

測量法四八条は基本測量、公共測量を測量士の独占業務としているが、それ以外は独占業務とはしていない。

土地又は家屋に関する調査又は測量のうち、「不動産の表示に関する登記について必要な」ものは、土地家屋調査士の独占業務である（土地家屋調査士法六八、六四、三条）が、「不動産の表示に関する登記について必要」でない土地又は家屋に関する調査又は測量はその独占業務ではない。

もっとも、現実には土地家屋調査士は、これらの業務を関連業務として行っている。

他方、行政書士は、事実証明に関することとして、実地調査に基づく図面を作成することができる。それは測量とは規定されていないが、行政書士が「登記に関係のない土地又は家屋に関する調査、測量に基づく図面を作成することは禁止されるものではない」（『新 詳解行政書士法』四七頁）とされていて、現実にこれを行っている。たとえば、官民有地境界の協定、公共用財産の用途廃止・付け替え、都市計画法の開発許可、産廃処分場の許可などのための測量がそうである。

行政書士会のホームページでは、事実証明に関することとして、土地・建物の調査、実測に基づく図面類の作成、登記簿・公図の閲覧とある。ここの実測が測量まで含むつもりであろう。

そうすると、同じ測量を行政書士も土地家屋調査士も行っている。これは適法であろうか。

ひとつの考えでは、測量は基本的には測量士と土地家屋調査士の業務である。行政書士法は「実地調査に基づく」図面の作成だけを業務としているのであって、測量までできると明示されていないので、測量まで含めるのは拡大解釈ではないかという疑問が出される。

他方、これらの測量が行政書士の独占業務である事実証明に関することに含まれるのであれば、土地家屋調査士が、「不動産の表示に関する登記について必要」でない土地又は家屋に関する調査又は測量を関連業務として行うことは、逆に、行政書士の独占業務を侵害して、違法となるのではないかという疑問が生ずる（兼子仁『行政書士法』三〇頁）。

しかし、そうすると、測量を専門としない行政書士が測量を行い、専門家である土地家屋調査士には、不動産の表示に関する登記について必要」でない土地又は家屋に関する調査又は測量はできないという、おかしなことになる。これらの関係をどう理解すべきか。

実は、測量法や土地家屋調査士法でそれぞれの業務独占とされていない測量は、どの業者の独占業務でもないと解すべきである。行政書士の独占業務となるのは事実証明に関する書面であり、実地調査に基づく図面を作ることまでで、測量は、その範囲を超える。しかし、単なる測量は、どの業者の独占業務でもないので、行政書士も行うことができるのである。

いわば入会地である。成年後見事務は、どの「士」の独占業務でもないので、司法書士も行政書士も行っているのと同じであろう。

◆決算書

決算書は行政書士も作れるが、その先税務申告は税理士の職務である。

税理士は両方できる。しかし、経営事項の審査などの関係で、決算書を作るのは、行政書士が得意である。

◆行政書士法違反事件

行政書士の独占業務を無資格者が行えば犯罪である。

国土交通省の外郭団体「大阪陸運協会兵庫支部」（神戸市東灘区魚崎浜町）が、行政書士の資格が必要な車関係の業務（新車登録代行、車の移転や名義変更の登録、ナンバープレート交付の申請代行業務など）の業務を、行政書士が病気で入院して病死し新たな行政書士が着任するまで、補助員が行政書士の印鑑などを利用して代行業務を継続し、三人から約一万五、〇〇〇円の報酬を得た。警察は、二〇〇六年五月、同協会理事長や同支部長（58）ら四人の逮捕状を取った。本当にちょっとの間のことで微罪だと思うが、これでも立派な「お偉いさん」を逮捕するのである。

◆家系図

この点で家系図の作成が事実証明に関する書類の作成として、行政書士の独占業務か、行政書士の資格がなくても報酬を得て行うことができるのかが最高裁まで争われた事件がある。

被告人は、二〇〇四年からインターネットなどに家系図作成の広告を出し、約三年間で三〇～四〇件の注文を受けた。巻物形式に表装するなどして製品化し、一点、一〇〇万円で売れることもあったという。

裁判では、被告人が作成した家系図が「事実証明に関する書類」に当たるかが争点となった。一、二審は「被告が作成した家系図は戸籍の記載内容を図にしており、事実証明に関する書類に当たる」と判断し懲役八月、執行猶予二年としたが、最高裁は逆転無罪とした。理由は、「対外的に意味のある証明文書として利用されることは予定されていなかった」、観賞ないしは記念のための品として作成された家系図は行政書士法一条の二第一項にいう「事実証明に関する書類」に当たらないとされた（最判平成二二年一二月二〇日判時二一〇三号一五五頁）。この共犯者は罰金刑に処されていたが、右記の無罪判決を受けた検察官の非常上告により無罪となった（最判平成二三年一二月九日、最高裁ホームページより）。反対に解すると、対外的に意味のある家系図の作成は行政書士の独占業務である。

二　業務の制限

行政書士の権限は広い代わりに、もともとはそれほど深くない。法的には、代書業に由来するため、書類の作成だけが独占業務であった。これまでの（次に述べるように二〇〇一年の改正までは）行政書士法の条文では、契約書作成に当たって依頼者を代理することもできないし、官庁への書類の提出においても、単にメッセンジャーボーイ（ガール）（使者）として書類を官公署に提出する手続を代わって行うだけであった。この代行業務は独占業務ではない。

ここで、代理と代行の違いを説明すると、代理では代理人の意思表示が本人に効力を及ぼすが、代行は事実行為を代わりに行っているだけで、法的な効力は生じない。これまでは、行政書士は、官公署に提出する許認可申請の代理権を持たず、役所から問い合わせするのは、本人相手であった。行政書士の意思表示は本人には効力がないとされた。入管関係では本人の出頭を要しない「取り次ぎ代行」が一九八九年＝平成元年から導入されたが、これもあくまで代行であって、代理ではない。

しかも、同じく官公署に提出する書類でも、裁判所、検察庁、法務局に提出する書類、登記関係は前記の通り司法書士の独占業務である。したがって、それは、行政書士法第一条の二第二項に定める「他の法律において制限されているもの」に該当し、行政書士業務から排除される。商業登記、不動産登記、訴状・準備書面等がこれにあたる。農地転用の許可とともに登記、会社の定款作成とともに役員変更登記をしたいが、行政書士にはできないとされている（詳しくは、第二章第三節）。土地・建物の調査・実測に基づく図面類の作成のうち、「不動産の表示に関する登記につき必要な」ものは土地家屋調査士の独占業務である（土地家屋調査士法三、六四、六八、七三条）。社会保険労務士、税理士の独占業務についても基本的には行政書士の業務外である。

「法律事件に関する法律事務」は弁護士の独占業務である（弁護士法七二条）。この解釈として、紛争性のある法律事務は弁護士の独占業務である（第二章第二節）。ただし、紛争性がなければ誰でもできる。もちろんこれは弁護士、司法書士との競合業務である。たとえば、遺産分割の相談に応じていたり、内容証明を送ったが、争いになれば、行政書士の業務ではなくなる。ヒヤヒヤ業務である。

第二節　関連法規の改正と業務の拡大

一　提出代理権の獲得

1　背　景

二〇〇〇年の弁理士法の改正で、弁理士は、特許その他に関する権利若しくは技術上の秘密の売買契約、通常実施権の許諾に関する契約等の締結の代理若しくは媒介を行い、又はこれらに関する相談に応ずることを業とすることができるとする規定が盛り込まれた（弁理士法四条三項）。これはもともと弁護士や行政書士の業務であった民間同士の契約に関して、弁理士のために契約締結代理権を創設したものである。業務独占としたものではない（同法七五条参照）が、これまで特許侵害のおそれを相手方に伝える警告でさえ弁護士との連携が必要であったのに、これからは弁理士単独でできるようになる。

そのため、これまでこの領域で業務を行ってきたものの代理権を有しない行政書士との間に争いが発生した。

2　二〇〇一年一条の三の改正

そこで、二〇〇一年に行政書士法一条の三が改正され、

①「行政書士が作成することができる官公署に提出する書類を官公署に提出する手続について代理すること」として、提出代理権が認められ、

②「行政書士が作成することができる契約その他に関する書類を代理人として作成すること」として、契約書の作成代理権が認められた。

契約書の作成において依頼者の希望通りの文章を作るだけでなく、代理権があれば、相手方と交渉できて、契約内容を煮詰めることができる。ただし、紛争性のある事件に関与すれば弁護士法七二条に違反することには変わりはない（この点は第二章第二節）。しかも、これは特許関係だけではなく、広く契約全般に及ぶ。官公署への書類の提出においても、代理人のところに通知が来る。補正を求められるときも、自分の名前で訂正できる。行政書士の仕事が大幅に拡大するだろう。

しかし、この意味は必ずしも明らかではない。

3　官公署への書類の提出代理

(1)　申請代理と提出代理の違い

他の士業では、申請代理権が認められているものが多い。しかし、この①では、「提出する手続について代理」するという表現になっている。これは、申請代理権を認めない趣旨とする意見もあるようである。申請の代理と提出の代理とはどこが違うのだろうか。

これについて考えるに、これまでの一条の三では、「行政書士は、前条に規定する業務のほか、他人の依頼を受け報酬を得て、同条の規定により行政書士が作成することができる書類を官公署に提出する手続を代わつて行い、又は当該書類の作成について相談に応ずることを業とすることができる。」されていたので、今回の改正では、この従来の規定の文章をそのまま生かし、代わつて行い（代行）を代理としただけではないかと推

察される。おそらく立法者は、申請代理権を認める他の法令とあえて異ならせたわけではない。そうすると、提出する手続についての代理とは、申請、届出の代理を含み、それに限らない。もっと広いものであるということになる。

当局の解釈では、「この規定により、行政書士は許認可申請、届出等の手続について代理する場合には、自ら代理人として提出書類の訂正等を行うことができることとなるものであり」（二瓶博昭「行政書士法の一部改正について」地方自治六四六号九四頁、二〇〇一年）とされている。

そして、受理の通知は、本人ではなく、提出代理人たる行政書士に対して行われる。書類提出の代理権は通知の受領権限を含むと解されるからである。

(2)　代理権規定は創設規定か確認規定か

では、この改正は新しい権限を創設したのか。もともと、行政書士は、行政書士法の条文上は、書類の作成のほかは、当事者が官公署に提出する書類の運び屋であったが、これで代理人になるので、法律家になったといってよいかと考えた。

しかし、実は、従前でも、行政書士は、私人間で、官公署への書類提出の代理権を授与されれば、それを官公署に示して代理人としての職務を果たすことができたはずである。これまでも、役所も、行政書士を事実上代理人扱いにしているところも多かったらしい。その意味では、この改正は、単なる既成事実の追認にすぎないではないかと一応考えられる。

たとえば、司法書士は、「登記又は供託に関する手続について代理すること」を業とする（司法書士法三条一項一号）ので、登記所への提出書類について司法書士が申請権を有する。これは独占業務である（同法七三条一項）から、資格のない者が代理権を授権されても、登記所へ代理人として書類を提出することを業とすることは許されていない。税理士法二条一項一号でも、租税に関する法令若しくは行政不服審査法に基づく申告、申請、請求若しくは不服申立て（以下、申告等という）が、当該申告等若しくは税務官公署の調査若しくは処分に関し税務官公署に対してする主張若しくは陳述につき、代理又は代行することを税理士の業務とし、これは独占業務である（同法五二条、五九条）ので、税理士には申請代理権が認められている。社会保険労務士法二条一項一の三でも、社会保険諸法令に基づく申請等について、又は当該申請等に係る行政機関の調査若しくは処分に関し当該行政機関に対してする主張若しくは陳述につき、代理すること（事務代理という）を独占業務としている（二七条、三二条の二）。

ところが、官公署への書類の提出代理については一般的には何らかの「士」の独占業務とする規定がないのである。弁護士法七二条との関係では、弁護士会筋では、法律事務は全部弁護士の独占だという解釈も残っているが、第二章第二節で詳述するように、判例（最大判昭和四六年七月一四日刑集二五巻五号六九〇頁）では、紛争性のない法律事務は弁護士の独占とは解されていない。そうすると、この改正は、法律論としていえば、もともと誰でもできたこと、行政書士ならもちろんできたことを明示したにすぎない。ただ、弁護士会の異論を排除して、紛争性のない代理は当然行政書士でもできると明示した点に大きな意義がある。

(3)　提出代理権は独占業務か？

もし、この規定が業務独占であれば、創設規定ということになる。今回の改正では、これを上記の司法書士法、税理士法、社会保険労務士法等のように、業務独占規定とするかどうかが議論されたようである。しかし、新しい業務独占の規定の創設は、規制緩和の流れにも反する。現実には、車庫証明等に見られるように、行政書士でない者の業務にも大きく影響する。そこで、今回の行政書士の提出手続代理権は独占とされなかった。条文上でいえば、業務独占を認める行政書士法一九条一項は、その対象を一条の二の業務に限定しており、今回の改正でも、一条の三に拡大していないのである。したがって、これは単なる確認規定にすぎない。いわゆる名称独占にとどまる（一九条の二、二二条の四）。

なお、「裁判所、検察庁又は法務局若しくは地方法務局に提出する書類を作成すること」は司法書士の独占業務であるが、作成した書類の提出については規定がないので、民法によることになる。そうすると、これも誰でも代理権さえあれば、この書類の提出を代理できることになる。

他方、税理士法五一条の二は、行政書士も、ゴルフ場利用税、自動車税、軽自動車税、自動車取得税、事業所税等については、税務書類の作成を業として行うことができるとしている。しかし、行政書士はこれについては税務代理の権限を有しない。では、その申請については、民法上の代理権に基づいて行うことが許されるか。税理士法は税務代理権を税理士の独占業務と定め、この五一条の二は、特定の税目に関する税務書類の作成だけを行政書士の業務としたものであるから、それについて申請代理権は認められないということになろうか。

4　契約作成代理権

前記2①に見るように、「行政書士が代理人として契約その他の書類を作成することができる」ことになった。

ここでいう「代理人として」とは、「契約等についての代理人としての意であり、直接契約代理を行政書士の業務として位置づけるものではないが、行政書士が業務として契約代理を行いうるとの意味を含むものであると解される」という（二瓶博昭「行政書士法の一部改正について」地方自治六四六号九五頁、二〇〇一年）。

この意味もわかりにくいが、当事者は相手と交渉して書類を作成できるから、代理人も書類を作るためには相手方と交渉して書類を作り、修正もできるはずである。この論文も、前記の文章に続いて、「行政書士は契約書に代理人として署名し、契約文言の修正等を行うことができる」としている。

しかし、もともと、弁護士法七二条に違反しない範囲であれば、民法上授権さえ得れば誰でも契約の代理人になることができた。行政書士でも同様であった。その意味ではこれも確認規定である。

では、内容証明郵便で借金を返済せよと通知したら、借りていない、時効にかかっている、その他の反論があったとき、再度行政書士が返せと通知できるか。すでに紛争が発生しているので、難しいという感じがする。

5　権限は明確に

そうすると、この改正は新しい権限をほとんど創設していないことになる。鳴り物入りの改正であったが、やや落胆する。しかし、前記のように、争訟性がなくても法律事務は弁護士の独占だという一部の見解を排除して、行政書士にも契約代理権を公認したのである。簡単な売買や簡単な賃貸借契約、さらに、回路配置や著作物に関する売買やライセンス契約を含め、その契約書類等を行政書士が代理人として作成できることがはっきりしたのである。このことは、法の明確性という点でも意義があるといえる。

なお、行政書士は、代理権を明確に獲得したことで権限を拡大したが、責任は重くなった（善管注意義務、民法六四四条）ことに注意しなければならない。

6　各界専門家の解釈

先にこのように執筆したところ、実は、この行政書士法改正に携わって、裏の事情を知る者が多少これと異なる見解を披瀝していることがわかった。これを紹介してコメントする。

(1)　保岡興治(前)衆議院議員

保岡興治氏は次のように説明する（「改正行政書士法と今後の展望」月刊日本の行政二〇〇二年二月号（三五一号）七頁以下）。

手続代理の点については、従来は、書類を提出する手続の代行だけが認められていたので、提出書類は行政書士の名前で作成するのではなく、訂正の必要が生じても作成名義人本人の訂正印が必要とされたが、この改正で、提出する手続の代理と規定されたことにより、行政書士が自ら代理人として氏名を表示して、その責任において提出することが明確にされ、代理人として提出書類の訂正等を行うことができることとなった（九頁）。

代理人として契約書を作成することができるとの規定の法意については、行政書士は契約書に代理人として署名することができるので、自ら代理人として訂正することもできるようになる。

契約締結の代理ができる旨の明確な規定ではなく、契約書の作成の代理とする規定にとどまった点については、弁護士会が納得しないことから、保岡興治議員の責任でまとめたということである。「というのも、法律行為自体を代理する、つまり、意思表示の瑕疵についても、行政書士の先生方について判断し、あるいは、法律上争いがあって、当事者間の丁々発止のやりとりを代理して、事実上和解に当たるような代理もできるということ、これは弁護士だけができる業務です。それができると誤解されることを防ぐためには、このような表現がギリギリのところでした。」という。「契約の締結代理ということになると、意思表示そのものを代理することになるので、意思表示に瑕疵があるかどうか等は、代理人について論じることになります。簡単な売買契約とか家屋の賃貸契約等、こういったものは契約締結代理でもいいんじゃないかと思うんです。しかし、それが巨額な航空機の購入とか、何か問題が起こりそうなものを調整した結果結ぶ和解契約とか、いろいろな法律の紛争を前提とするような、あるいはそういうものになりそうな重大な契約になると、弁護士からは、それは自分の分野だという話がある。その境目ははっきりした線があるわけではないけれども、契約締結代理ができる部分があると思います。ただ、契約締結代理と書くと、航空機の代理もできる、何もかもできると、行政書士の先生方が誤解して、かえってそれが業務の範囲の明確さ、弁護士法七二条の趣旨を没却することにならないかという心配を弁護士の先生方がするわけです。それで、私としては七二条ではっきりしているからいいじゃないかと随分言ったんですが、その心配な気持ちも受け入れて、契約書類を代理人として作成するという表現を使ったんです。」

これは弁護士法七二条との関係での誤解を生じないようにという趣旨のようである。そして、弁護士法七二条との関係では、紛争性のない法律事務は、弁護士の業務独占に入らないと理解されている（第二章第二節）ので、行政書士がそのような契約を代理することには、弁護士法上問題はないが、しかし、行政書士が契約締結の代理をすることができると書くと、この例にあるように、法律上の争いの間に入って、和解できると誤解されるので、上記のような表現に止めたという趣旨である。

そうすると、この改正は、契約書の作成の代理とする規定にとどまったけれども、紛争性がない事案に関する限り、契約締結の代理ができると解釈されるのである。

(2)　糟谷秀剛弁護士

糟谷秀剛弁護士（「行政書士全国研修会　民事訴訟法」月刊日本の行政二〇〇二年二月号（三五一号）一八頁以下）は次のように説明する。

手続代理の点では、税理士なら端的に税務の代理、司法書士は登記の代理となっているので、行政書士についても行政手続の代理とすんなりなぜ書かなかったのかという点で、行政手続の代理を行政書士法一九条で業務独占にすると、自動車の登録をやっている自販連が反対するので、提出の代理にとどめたという趣旨とのことである。

ただ、私見では、二〇〇一年の改正は業務独占ではないので、自販連が反対するのも筋違いであろうが。

また、契約締結代理ではなく、契約書の代理人としての作成という文言で落着したのは、「契約代理と言ったら、弁護士法七二条との関係で、蜂の巣をつついた格好になる。そこで、……抵抗勢力のボールを、よけて通ると、転調したような文章になった」ということである。「契約書その他の書類を代理人として作成するというのだから、やはり契約の代理なのかという余地を残す書き方なのです。しからば、契約代理人なのかといったら、直接そのような権限を決めたものではないが、できるものですという非常に難しい言い方となっています。」ということである。

要するに、契約の代理という言い方はしないが、そのように解釈すればよいということのように思われる。

(3)　兼子仁教授

兼子仁教授（「行政書士制度の発展と展望」東京行政書士会『行政書士制度五〇周年記念』一一五頁以下、一五一頁）は次のように説明する。

「許認可等の申請書類を官公署に提出する手続を『代行』するのにとどまらず、申請『代理』権を依頼者国民から授与され、行政庁に対して申請をめぐる意思表示をすることは、それを法定外業務として行っても、……弁護士法七二条には反さず合法と解釈される。しかし、そこで、行政書士法改正によって『許認可申請代理』を非独占の法定業務と規定することも、弁護士法七二条と両立する〝共管法律事務〟の定めとして、きわめて望ましい」とする。行政手続代理業務は、提出代理だけではないということになる（さらに、兼子『行政書士法』四三頁も基本的に同旨）。

第三節　行政書士とＡＤＲへの関与

「外国人の職場環境等に関する紛争」「自転車事故に関する紛争」「愛護動物（ペットその他の動物）に関する

紛争」「敷金返還等に関する紛争」について、ＡＤＲ（裁判外紛争解決手続）調停手続への行政書士の関与が認められている（裁判外紛争解決手続の利用の促進に関する法律）。

東京都行政書士会の「行政書士ＡＤＲセンター東京」が法務大臣認証を取得した（二〇〇九年五月二五日）。行政書士にＡＤＲ代理権はないので、当事者の代理人になることはないが、センターから調停人として選任されて活躍できる。

調停人の資格要件は以下である。

①　ＡＤＲセンターが実施する調停人養成研修を修了し、かつ、紛争の範囲ごとに次の基準を満たす行政書士

（ⅰ）　外国人就労就学関係

●出入国管理及び難民認定法施行規則の規定により地方入国管理局長に届出をした本会の会員であって、諸外国の宗教、慣習その他の文化的価値観に関する専門的知識を十分に有するものとして委員会において認めた者

（ⅱ）　自転車事故関係

●本会の会員（行政書士業務歴五年以上の者に限る。）であって、警察官の職務に従事していた者その他自転車事故に関する専門的知識を十分に有するものとして委員会において認めたもの

（ⅲ）　愛護動物関係

●本会の会員（行政書士業務歴五年以上の者に限る。）であって、動物の愛護及び管理に関する法律第二二条第三項に規定する動物取扱責任者研修を受けたもの若しくは社団法人日本愛玩動物協会により２級以上の

愛玩動物飼養管理士として同協会に認定登録されたもの又はこれらと同等程度の知識及び経験を有するものとして委員会において認めたもの

(iv)　敷金・原状回復関係

●本会の会員（行政書士業務歴五年以上の者に限る。）であって宅地建物取引業法第一六条第一項に規定する宅地建物取引主任者資格試験に合格したもの又はこれと同等程度の知識及び経験を有するものとして委員会において認めたもの

今のところ、極めて限られているが、実績を積んで、ＡＤＡ業務を拡大することとその代理権を取得するのが肝心である。

第四節　行政書士法目的規定の改正

二〇〇一年の行政書士法改正で、一条の目的規定が改正された。

一　改正の趣旨

これまでは、「第一条　この法律は、行政書士の制度を定め、その業務の適正を図ることにより、行政に関する手続の円滑な実施に寄与し、国民の利便に資することを目的とする。」とあって、「行政に関する手続の円滑な実施に寄与し、」と「国民の利便に資することを目的とする。」の間に、何も書いていない。そこで、その間に「よって」とあるように読める。そうすると、行政書士の仕事は、「行政に関する手続の円滑な実施に寄

与し、」だけになり、民民（私人間）の権利義務に関する書類や事実証明の書類を作成できるという一条の二と矛盾する。

この改正は、第一条中「寄与し」の下に「、あわせて」を加えた。そうすると、「行政に関する手続の円滑な実施に寄与し、」と「国民の利便に資すること」の両方が本法の目的であることがわかるようになる。そうすると、民民（民間人同士）の権利義務に関する書類や事実証明の書類を作成できるという一条の二とうまく調和するということである（二瓶博昭「行政書士法の一部改正について」地方自治六四六号九三頁、二〇〇一年）。

二　もっと明確に

しかし、「国民の利便」とは広い概念であり、官公庁への書類の提出だけでも国民の利便に資するから、みんなが右記のように読んでくれるとは限らない。法の明確性を唱える筆者としては、もっと明確な条文がほしい。

たとえば、「第一条　この法律は、行政書士の制度を定め、その業務の適正を図ることにより、行政に関する手続の円滑な実施並びに国民の権利義務及び事実証明に関する書類の適切な作成に寄与し、よって、国民の利便に資することを目的とする。」と書けばわかる。

あえていえば、行政書士法、行政書士という名称も、官公署に提出する書類の作成代行時代を反映しているが、今では、このように権限が広いのであるから、たとえば、事務弁護士、法務士等と、その業務にふさわしい名称に変えるべきである。

第五節　行政書士の報酬規定の規制撤廃

一　競争政策の圧力が天の声

行政書士の報酬は、以前は、作成した書類何枚いくらと規定されていた。まさに代書業である。このしくみでは、相場ですから、会の定めですからといって、同業者の間ではよそに行っても同じだとして、簡単な案件でも高く取ることが可能な場合もあった。このように、報酬規定はカルテル効果を持ち、資格者間の競争を阻害していた（泉水文雄「司法書士と独占禁止法」市民と法五、六号、二〇〇〇年、三宅伸吾『弁護士カルテル』信山社、一九九五年）。そこで、独禁政策、規制緩和の圧力で、一九九九年に報酬規定を会則に規定しないという行政書士法の改正が行われた。弁護士の報酬規定の撤廃はやっと二〇〇四年から実現したので、行政書士が最初にやり玉に挙げられたようなものである。税理士、司法書士、土地家屋調査士の報酬規定はこの間すでに自由化された。

しかし、行政書士の業務の実体は許認可の取得業であって、一種の法律コンサルタントである。その報酬は枚数で計算できるものではない。同じ許可一件でも、事案の難易によって大きく異なる。それは交渉によって決めるべきものである。そこで、この改正により、代書業的な報酬体系から、法律コンサルタント的な報酬体系への転換ができて、本当は嬉しいのである。一種の神風である。

二　統計の実態

しかし、そうすると、報酬が不透明になり、顧客が不測の損害を被りかねない。そこで、まずは、行政書士は、「その事務所の見やすい場所に、その業務に関し受ける報酬の額を掲示しなければならない。」（行政書士法一〇条の二第一項）。次に、行政書士会が報酬の実態を統計とって公表することになった（同条第二項）。単位会毎に統計を取っている。本書の初版では、兵庫県行政書士会の統計を掲載していたが、今はサンプルが集まらないので、統計として公表していないということである。

全国レベルの統計は日本行政書士会連合会のホームページ（http://www.gyosei.or.jp/gyomu/reward.html）に出ている。

いかにも幅があるが、事案によって、難易、手間暇が異なるし、不許可になった場合には、申請の仕方が下手だったら責任を負わなければならないのであるから、当然のことである。行政書士は顧客に対して、報酬について十分に説明する責任が生ずるし、顧客の方も何軒か回って、最も条件のよさそうな（スムーズに、早く、安く仕事をしてくれる）「士」に依頼すればよい。

第六節　行政書士試験自治事務化の顚末

一　行政書士試験自治事務化騒動

一九九八年五月二九日に閣議決定された「地方分権推進計画」では、国と地方の間には、地方自治の本旨を基本とする、対等・協力の新しい関係を築くため、機関委任事務を廃止し、地方公共団体の処理する事務を自治事務と法定受託事務とに再構成することとした。そして、法定受託事務は法律で列記され、それ以外は自治事務となった。行政書士法関係では、「行政書士試験の施行に関する事務」が自治事務として整理されることになった。

それまでは、「行政書士試験は、自治大臣が毎年一回以上行う。……自治大臣は行政書士試験の施行に関する事務を都道府県知事に委任するものとする。」(当時の四条)となっていて、この試験は国家的な試験であり、行政書士は国家資格であることが明らかであった。そして、「行政書士法の定めるところにより、行政書士の試験、業務の停止等に関する事務を行う」ことは機関委任事務となっていた(当時の地方自治法一四八条二項、別表第三の(五))。

ところが、この試験が都道府県の自治事務になると、この資格は昔の都道府県単位の資格(一九八三＝昭和五八年に国家資格になった)格下げされるのではないか、都道府県毎に試験をやるのか、都道府県は行政書士会に試験を委託するのか、委託しない県もでないか、単位会は試験事務を受託する能力があるのか、手間も大変だ、試験科目、問題、採点基準、試験日等が都道府県によって異なることになってしまうのか、難易度が都道府県によって異なっては、合格しやすい都道府県に受験生がなだれ込むのではないか、と大変な騒ぎになった。

二　不適切な反対運動の試み

この地方分権計画を廃止させて、国家の直接執行に戻せ、せめて法定受託事務にせよといった強い意見が一部にあった。これを議員に働きかけて、政治力で、議員立法の実現を目指そうというのである。

当時(一九九八年度に)、日本行政書士連合会から、「行政書士制度あり方検討ワーキンググループ」委員を委嘱された私は、閣議決定された地方分権計画を、一部であろうと、議員立法で覆そうとするのは、大混乱を引き起こし、他の省庁が真似たら、地方分権推進計画全体がひっくり返るので、結局は無理で、玉砕する。自治省自身も賛成しないだろう。議員を動かす苦労をするより、もっと理論を工夫することに使う方がよいと主張した。そして、自治事務になること自体は争わないことにすべきだ。それでも、活路はあると提言した。

三　「施行に関する」事務がミソ

私は、ここで、自治事務になるのは、「行政書士試験の施行に関する事務」であって、「行政書士試験に関する事務」自体ではないことに着目した。つまり、試験本体は自治大臣の権限に残り、試験の施行だけが都道府県の自治事務になるのである。それなら、行政書士の資格は国家資格にとどまる。コロンブスの卵であった。

四　条文化

その改正の条文については種々の案があったが、最終的には、二〇〇〇年四月一日に施行された地方分権一括法による行政書士法の一部改正により、現行の第三条「行政書士試験は、総務大臣が定めるところにより、行政書士の業務に関し必要な知識及び能力について、毎年一回以上行う。行政書士試験の施行に関する事務は、都道府県知事が行う。」という規定ができあがった。

しかも、その試験が都道府県毎では面倒だし不統一にもなるのでというので、抜け道ができた。それが「指定試験機関の指定」という公益法人の設立である。これが第四条である。

この指定試験機関制度の導入を受けて指定されたのが、財団法人行政書士試験研究センターである（二〇〇〇年五月一二日に指定）。そして、このセンターは、同年にすべての都道府県知事から行政書士試験の施行に関する事務を委任され、二〇〇〇年度の行政書士試験から試験事務を実施することになった。

都道府県は自前で試験をやってもよいが、実際はこの社会の秩序を乱してまで面倒な仕事を抱え込む都道府県もないことから、実態は、結局は、国が統一試験をしているのと変わりがないことになった。

何のために自治事務化したのかという気はするが、自治事務化という名のもとに、国家資格、統一試験という実を取ったのである。そのポイントが先述したように、「施行に関する事務」という言葉への着目であった。

五　行政書士法はすべて自治事務としての整理

なお、このほか、自治事務として整理されるとしてあげられていたのが、行政書士の業務に関する帳簿に記載すべき事項を定める事務、職員による行政書士事務所への立入検査、行政書士の業務の停止・禁止に関する事務、行政書士会の会則の制定又は変更に係る認可、行政書士会からの報告徴収、行政書士会の業務についての勧告（当時の四、九、一三、一四、一六の二、一八の六）であったが、最終的には、行政書士法上の事務はすべて自治事務となり、法定受託事務は存在しない（法定受託事務なら自治法の別表第一に掲載され、その旨行政書士法にも記載されるはずだが、そういう規定はない。地方自治法二条九、一〇項）。

第七節　逆に、電子政府に悪乗りした行政書士業務独占規定の緩和

一　電磁的記録も独占業務に

1　メール、フロッピーは書類ではない

行政手続オンライン化三法が二〇〇二年に成立し（宇賀克也『行政手続オンライン化3法』（第一法規、二〇〇三年）参照）、行政手続のオンライン化に伴って、行政書士の独占業務である「官公署に提出する書類」は紙ベースから、メール、フロッピーに移行しつつある。メール、フロッピーによる申請が承認されつつあるので

ある。

ところで、普通の日本語では、書類とは情報を収載した紙を言い、その内容である情報を基準とした概念ではないため、メールやフロッピーは書類ではない。そこで、官公署に提出すべき事項をすべてメールやフロッピーで提出する業務は、行政書士法の規制の対象外となり、何人でも自由に行うことができることになる。

しかし、そもそも、「士」業の業務独占の制度は、専門性も不足し、業者としての規制も受けない者が重要な業務を行うと、消費者・利用者の利益に反するので、国家が最低の品質保証を行うという点にある。そのことは、官公署への提出の手段が、紙ベースであれ、メール、フロッピーベースであれ、変わるところはない。メール、フロッピーによる申請がこの品質保証を要しないというのは、電気を財物とみなす法律（刑法二四五条）がなければ、電気窃盗は犯罪ではないと言うのに等しく、一種の法の抜け穴であって、「官公署に提出する書類」の作成を行政書士の独占的業務と定めた行政書士法を空文化する。

2　電子政府の法改正

したがって、官公署へのメールやフロッピーの提出も行政書士の独占業務とする必要がある。そこで、二〇〇二年、このメールやフロッピーを紙と同じと扱う行政書士法改正法が成立した。法律名は、行政手続等における情報通信の技術の利用に関する法律の施行に伴う関係法律の整備等に関する法律という。

条文の上では、「行政書士は、他人の依頼を受け報酬を得て、官公署に提出する書類その他権利義務又は事実証明に関する書類（実地調査に基づく図面類を含む。）を作成することを業とする」（第一条の二）とするこれまでの「官公署に提出する書類」の中に、（その作成に代えて電磁的記録（電子的方式、磁気的方式その他人の知覚によっては認識することができない方式で作られる記録であって、電子計算機による情報処理の用に供されるものをいう。以下この条及び一九条第一項において同じ）。を作成する場合における当該電磁的記録を含む。以下この条及び次条において同じ。）という言葉を付け加えるものである。同様の改正は、税理士法、社会保険労務士法、海事代理士法でも横並びで行われた。

この「電磁的記録」の定義は、一九八七年＝昭和六二年に追加された刑法七条の二と同じものである。そして、電磁的記録に関する多数の犯罪が創設されるようになった（刑法では、一五七条、一五八条、一六一条の二、一六三条の二～四、二三四条の二、二四六条の二、二五八条、二五九条）。

このこと自体は遅ればせながら歓迎される。

二　悪乗りする規制緩和

1　定型的かつ容易な電磁的記録の例外

しかし、これに伴って、行政書士の業務独占に風穴を開ける条文が挿入されている。それまでの行政書士法第一九条一項は、「行政書士でない者は、業として第一条の二に規定する業務を行うことができない。ただし、他の法律に別段の定めがある場合は、この限りでない。」とのみ規定していたが、このただし書きは次のように書き換えられた。

「ただし、他の法律に別段の定めがある場合及び定型的かつ容易に行えるものとして総務省令で定める手続について、当該手続に関し相当の経験又は能力を有する者として総務省令で定める者が電磁的記録を作成する場合は、この限りではない。」

自動車関連団体はこれまで自動車の登録業務について、電磁的申請をしてはいないものの、ＦＤ（フレキシブルディスク）方式で申請し、今後電磁的申請をする準備があるらしい。そこで、電子申請を行政書士の独占とすることは、この業界の利益を害するとして反対してきた。そこで、このただし書きの改正は、この業界の意向にそったものである。しかし、政治的にはともかくとして、法律的に見ても、これにはたくさんの不合理な点がある。

2　恣意的立法

第一に、「定型的かつ容易に行えるもの」は本来業務独占にする理由がないから、何人でもできるように規制を撤廃すべきであろう。しかし、そのことは電磁的記録とは関係がなく、書類ベースの業務でも同じはずである。また、そのことは、行政書士だけではなく、他の「士」業も共通のはずである。たとえば、不動産登記でも会社の設立登記でも簡単なものがあるし、税務申告でも、もともと本人が自分でできることが前提であるから、簡単なはずである。これらについてはそれぞれの「士」業の独占から一緒に外すのが筋である。

それを無視して、行政書士の電磁的記録に関してだけ、業務独占から外すのは、極めて恣意的な立法政策である。

3　「定型的かつ容易に行えるもの」を独占させる違憲性

次に、この業務を認められるのは、「当該手続に関し相当の経験又は能力を有する者として総務省令で定める者」に限られる。さしあたりはこれまでの経緯にかんがみ自動車関連団体が指定されると想定される。しかし、もともと、「定型的かつ容易に行えるもの」なら、誰でもできるはずであるから、特定の者にのみ許容する理由がない。ここで「当該手続に関し相当の能力を有する者」の判定をどうするつもりであろうか。ここで指定されなかった者は、憲法二二条の定める営業の自由を合理的根拠なく侵害されたのであるから、違憲であり、指定拒否の取消訴訟で勝訴するはずである。誰か指定を求めて訴訟を起こしてみるべきだ。それにもかかわらず、この指定を受けた者以外にはこの業務を認めないということは、実際には特定の団体が業務を事実上独占することになり、利用者の利益を害する。もちろん、天下り先を増やすという、官民癒着の温床である。

4　「経験」者はいるのか？

「当該手続に関し相当の経験を有する者」とは、これまで電磁的記録により業務を行っていた者であろう。そういう者がいれば、それは法の抜け穴をうまく活用してきた者に特典を与えることになる。これはこれまで適法に行われてきた既存の業務を保護するという趣旨であろうが、他方では、もともと法の抜け穴をくぐっただけのことであるから、保護に値しないとも考えられる。

しかし、聞くところによると、この法改正当時オンライン申請ですでに動いている申請等は、国土交通省等が行っている入札参加申請である。その時点では、特に許認可関係では、ほとんどオンライン化はされていなかった。最近の動きでは、行政手続オンライン化三法も施行されて、各府省とも行政手続のアクション・プランを策定しているので、各許認可申請のほとんどがオンライン申請にどんどん変わっていくのではないかとは思われるが、多くの添付書類を必要とする新規の許認可申請等は、個人情報の保護が十分行われ、データベースが完備するまで、当分の間、紙の申請にならざるをえないであろう。

そうであるとするならば、許認可関係で、「経験」者はいない。この条文は何のためなのだろうか。また、これまで法の抜け穴を利用した者を保護するという既得権尊重の観点から、これまでの経験を有する者にだけこの特例を認める趣旨であれば、これまで電磁的手続による申請において実績を有する者という要件に変えるべきであった。

5　「能力」を基準にこれからもどんどん規制緩和？

この規定では、経験はともかく能力を基準にこれからもどんどん行政書士法の特例を認められることになる。許認可申請がどんどんオンライン申請に変わるとすれば、行政書士業務は大幅に浸食される。

それなら、前記のように、すべての「士」業に共通の規制緩和政策として導入されるべきであって、行政書士法だけの規制緩和は不合理である。

6　守秘義務の適用除外でうまくいくか

行政書士は、行政書士法上守秘義務を負い（一二条）、その違反に対しては、都道府県知事より戒告、業務停止、業務禁止の処分を受けることがあり（一四条）、また、一年以下の懲役又は五十万円以下の罰金に処される（二二条）。行政書士の使用人も守秘義務違反は処罰される（一九条の三、二二条）。これにより、依頼者は、安心して、行政書士にプライバシー情報を提供することができるのである。

しかし、総務省令で指定された者は、行政書士法の適用を受けず、また、守秘義務規定は創設されていないから、秘密を漏らしても、依頼者との民事上の責任をこえる制裁はない。

直接に問題になっていたのは自動車登録のようである。これはそもそも公開される書類であるから、プライバシーの問題がないかと思うと、自動車の登録の際に、親の死亡とか遺産分割といった個人情報を提供することになる。そうすると、これについても、守秘義務規定を創設すべきである。そして、それは国民の権利義務に関する規定であるから総理府令で定めることはできず、法律事項である。しかし、今回の改正にはその種の規定はない。したがって、総理府令で指定された者に電磁的な記録の処理を依頼すると、プライバシーが侵害されるおそれが高くなるのである。

7　個人情報保護法による対応

もちろん、二〇〇三年に成立した個人情報保護法の適用はある。これは、個人情報取扱事業者は、一定の場合を除くほか、あらかじめ本人の同意を得ないで、個人データを第三者に提供してはならない（個人情報保護法二三条）としている。しかし、その制裁は甘い。勧告を受けて従わずに命令を受けて従わなかった場合に初めて処罰される（同法三四条、五六条）ので、秘密漏洩は通常は処罰されないこととなろう。

最後に、この「定型的かつ容易に行えるもの」の指定も、「当該手続に関し相当の経験又は能力を有する者」の指定も総務省令で行うが、この総務省令を定めるときは、「総務大臣は、あらかじめ、当該手続に係る法令を所管する国務大臣の意見を聴くものとする」（一九条二項）とされる。他の大臣の法令を浸食しないように、意見を聴くのは当然とも思われるが、実際には総務大臣と他の大臣が協議して、行政書士業務の規制緩和を行えることになる。

8　総理府令は？

これから、どんな手続が総務省令に盛り込まれるのかについては、重大な関心をもって見守らなければならない。

初版でこのように考えていたが、行政書士法施行規則二〇条で予想通り、型式指定の新規自動車の新規登録・検査及び車庫証明に係る一定の電子的手続を社団法人日本自動車販売協会連合会に認めることとなった。

第二章　弁護士法七二条と「士」業の業際問題

第一節　業務独占の根拠

1　業務独占と名称独占

業務独占とは、その資格を有する者以外はその業務を営めないものであり（違反は処罰される）、名称独占とは、「士」の試験に合格して（さらには登録して）いなくてもその業務を行うことができるが、試験合格者はそれを表示して市場で優位に立てる制度である。弁護士などの法律職の「士」は、目下業務独占の特権を有しているが、社会福祉士、介護福祉士（社会福祉士及び介護福祉士法）、中小企業診断士（中小企業支援法）、技術士（技術士法）といった「士」は、名称独占にすぎない。

この資格者によって影響を受ける者には、顧客のほかに、交渉や裁判の相手方、場合によっては国家（行政機関、裁判所）もある。資格をどう決めるかは、顧客だけではなく、これらの者への影響も考慮すべきである。

2　消費者保護＝情報の非対称性対策

弁護士は、次に詳述するように、弁護士法七二条により、「法律事件に関する法律事務」を独占する。これは全ての法律事務という意味ではなく、法律事務は自由業で、法律「事件」に関する法律事務、つまり紛争処理だけを弁護士の業務独占としている。したがって、法律相談を有料で行うことも、事件性がなければ、許されている（ただし、事件性がないのに金を払って相談する者は少ないから、危険である）。

弁護士業務のなかで、事件性のあるものは、いわばお互いに悪口を言い合って、条件を争っている離婚事件のようなもので、敵の反撃を打ち破るため、業務内容も遙かに複雑であって、レベルが相当に高い。

この点で、情報を公開して、名称独占にすべきだという意見もある。しかし、誰にどのような能力や誠実性があるかの情報公開には大きな限度があり、個人が収集するのも困難であるが、国家は試験という権力手段で個人の頭の中の能力をもさらけ出させることができるので、相当の調査能力を有する。そして、最低保証の意味での資格がなければ、能力が足りず、不誠実な悪徳弁護士に騙される顧客が無限となるであろう。それを自己責任で片づけるわけにはいかない。

ある税法専門家に聞くと、税理士の無資格者が税務について実質的に係わっていて、彼らは美味しいことのみを告げて取り入ろうとする。税理士なのに勉強していない者による被害は確かにあるが、無資格者による誤った税務関与による被害は膨大なものがあると思うということであり、資格による消費者保護の必要性は少なくない。

3　外部不経済、相手方の保護

その上、弁護士の場合、依頼者だけではなく、相手がいる。相手方になる弁護士を選ぶことはできない。相手の弁護士が、暴力団に近くで、強引な取立てをするときも、実際上はなかなか防げない。そうした被害を防止するためにも、弁護士に一定の能力と規律が必要である。資格制度の下では資格を失うことが怖いから違法行為を抑止する（弁護士による被害はあるが、決して多いわけではない）が、資格制度がなければ（名称独占だけであれば）違法行為をする動機は増えるであろう（今でも、偽弁護士、非弁提携の弊害がある。名称独占にすれば、もっと深刻化するだろう）。

「士」には利権のために役所、政治家とグルになって作ったものも多いと見られるので、規制緩和が必要であるが、弁護士資格は、歴史的にもそうではない。

したがって、弁護士の業務は、裁判以外の交渉でも、自由化するわけにはいかない。

4　裁判の円滑な運営

さらに、裁判となれば、資格制度は、訴訟をスムーズに進行させるという国家的な理由がある。本人訴訟ならやむを得ないし、数も限られるので、裁判所も我慢せざるを得ないが、代理人が本人並みの能力となれば、相手方は喜ぶにせよ、裁判所が後見的に見てあげなければならないことが激増して、裁判を円滑に遂行することは困難になる。

5　試験制度の限界と対応策、最低保証

ただし、資格制度は、国家が収集できる情報にも限度があり、また、本当に有能な者の職業選択の自由を制限しないように、それなりの基準にとどめている。いわば英検4級くらいである。しかも、試験で分かる能力は非常に限られている。資格を取得したあとで、業務に精進して能力を向上させているか、怠けているかはなかなか分からない。そこで、資格は国家による最低保証として機能するにとどまり、これらの資格があれば安心とはいえない。

この現実を踏まえれば、試験など、インチキだから、試験合格者に業務を独占させるよりも、すべて名称独占に変えよという議論もでる。

しかし、業務独占制度を廃止して、名称独占にすれば、実は能力がないのに宣伝の上手な者が顧客をうまく欺罔するだけである。悪質な者は、処罰すればというが、そうした事後規制では十分ではないので、資格の最低保証機能を捨てるべきではない。事前に規制するべきである。

それよりは、試験制度の改善こそを提案すべきである。車の免許でいえば、学科試験は運転中にとっさに必要なことに限るべきである。信号や標識の見方は重要である。しかし、消火栓や横断歩道から何メートルは駐

停車できないといったことは、覚えてもどうせ忘れるし、車内に掲示しておけばよいことであるから、暗記試験の出題範囲外とすべきである。

免許の更新は、一定以上の事故を起こしたとか違反した者以外は、不要とすべきである。どうでも良い説明を聞き、ポスターを見るために半日かけさせる価値はない。事業仕分けで率先して廃止すべきものである。

司法試験で言えば、現実にはどの実務家も使っていない司法試験六法で試験をしたり、誰も同時にはやることがない七科目も同時に試験する等は愚である。実務は、カンニング自由、時間無制限で、論理的に正しく考えることが肝要なのであるから、持ち込み自由で、数科目の試験をすれば十分である。あるいは、税理士試験のように毎年一科目ずつ合格していってもよいという仕組みに変えればよい。択一式の問題は、丸暗記が要求されるが、実務では何ら役に立たないのであるから、持ち込み自由で基本的な知識だけを試験すべきである。それよりは事実認定の試験こそ重要である。

税理士や司法書士、行政書士は、一定の公務員を一定期間経験するとなれるので、試験よりもはるかに易しい。しかも、公務員の経験というだけでは何ら専門的な見識の裏付けがない（法律学教授の弁護士資格とは全く違う）。本来は廃止すべきかもしれないが、それは政治的に難しいだろうから、むしろ、資格を取った根拠を開示させるべきであろう。あるいは、簡単な試験をすべきである。そして、むしろ、大事なのは、顧客が情報を得て、自由に資格者を探せる仕組みである。税務署が、退職者に顧問先を紹介することは（かつて札幌国税局長が税理士になって顧問先から億の収入を得ていたことが露見した）、官の権力を背景とするものであるから、巧妙な汚職であったが、民主党政権になって禁止された。

医師の試験も、客観テストが多く、実力とは関係がない。医師になってから、どれだけ精進したかが、実力を左右する。しかも、医師も専門が分かれる。たとえば、肝臓外科とすると、手術の腕が勝負である。医学部入試で問われた物理学も化学も、実は生物学も関係がない。胃カメラの検査となれば、完全に腕の問題で、国家試験とは関係がない。

さらに、最低保証以上は、可でも秀でも同じ、それ以上の違いは顧客には分からないということこそが問題である。そこで、顧客が資格者を適切に選択できるように、さらに進めて、その能力、業績・失敗を公表させる情報公開義務付け手法が必要である（阿部泰隆『行政法の進路』（中央大学出版部、二〇一〇年）第4章第1節）とするのが私見である。今の医師なら、専門医などの認定がなされている。ただ、これもインチキだ、博士号などはなおさらインチキだ、ネズミの研究で人間の臨床ができるわけがないとは思うが、それはこの公表の方を改善することによって対応すべきで、業務独占を名称独占に変えることによって対応すべきことではない。外科の手術の成功状況、胃カメラの腕に関する患者の評判などは今は口コミだけである。これをミッシェランのように公表する会社が現れてほしい。

弁護士の場合、その業務をホームページで広告することを義務付け、専門と、専門とする根拠を開示させるべきである。あるいは、会社法専門とか、認定する機関を作るべきかという問題があるが、それが独占企業になると、高い認定料を取る商売が流行るので適切かどうか。

6　行政書士の場合

規制緩和の流れの中で、行政書士の業務独占を廃止して、名称独占に変えよという政治的な動きがあった（一九九七年）。行政書士会としてはまさに存立の危機として、大反対した。

確かに、行政書士の場合には、弁護士のように、相手方の迷惑という理由は弱いし、弁護士の場合も全ての法律事務ではなく事件性のある法律事件が独占業務であるから、行政書士の場合も、許認可等の申請がすべて独占業務というのも広すぎる感はある。しかし、官公署への許認可業務の中には、素人が勝手に代理するには難しく、消費者保護の必要があるものも少なくなく、さらに資格制度にすれば、資格を失う恐れからくる規律が相当に働く。したがって、簡易で、素人が報酬を得て関与しても、弊害が少ないと見られる類型を仕分けできれば、名称独占に変えるべきであろうが、それができない段階で、全てを名称独占にするには、なお議論も不十分ではないかと思う。

試験が行政書士の専門性を担保しているかとなれば、行政書士の広い専門をカバーするような試験を行うことは所詮無理で、この試験では基礎学力を見るだけである。まさに英検四級程度であろう。したがって、試験に合格したから実務ができることにはならないが、逆にこの試験に合格できないような者が、消費者から報酬を取って業務を行うのにも、心配だという程度のことである。

第二節　弁護士法七二条の解釈論

一　一罪説と二罪説

1　二つの読み方

弁護士法七二条は、「弁護士でない者は、報酬を得る目的で訴訟事件、非訟事件及び審査請求、異議申立て、再審査請求等行政庁に対する不服申立事件その他一般の法律事件に関して鑑定、代理、仲裁若しくは和解その他の法律事務を取り扱い、又はこれらの周旋をすることを業とすることができない」と規定する。

ここでは、①「法律事件に関する法律事務を取り扱う行為」と、②「法律事件に関する法律事務の取り扱いを周旋する行為」の二種類の行為態様が予定され、要件として、「報酬を得る目的」と「業としてなすこと」

の二つがある。

弁護士の業務独占を定めるこの規定の読み方については、二つの説があった。ここで、この条文を「、又は」の前と後とで、前段と後段に分け、「報酬を得る目的」で①の行為をなすことと、②の行為を「業としてなすこと」の二つの犯罪を規定したものという読み方（二罪説）と、非弁護士が、「報酬を得る目的で」①と②の二つの行為を「業としてなすこと」を禁止するという読み方（一罪説）である。二罪説では、業としないでも報酬を得る目的なら処罰され、報酬を得る目的なしで業として行った行為も処罰されるので、一罪説よりも処罰の範囲が格段に広い。

2　一罪説の勝利

判例学説は混乱したが、最大判昭和四六年七月一四日（刑集二五巻五号六九〇頁）は、それまでの二罪説を変更し、一罪説に軍配を上げた。ちょっと長いが、重要判例なので、引用する。

弁護士法七二「条制定の趣旨について考えると、弁護士は、基本的人権の擁護と社会正義の実現を使命とし、ひろく法律事務を行なうことをその職務とするものであつて、そのために弁護士法には厳格な資格要件が設けられ、かつ、その職務の誠実適正な遂行のため必要な規律に服すべきものとされる等、諸般の措置が講ぜられているのであるが、世上には、このような資格もなく、何らの規律にも服しない者が、自らの利益のため、みだりに他人の法律事件に介入することを業とするような例もないではなく、これを放置するときは、当事者その他の関係人らの利益をそこね、法律生活の公正かつ円滑ないとなみを妨げ、ひいては法律秩序を害することになるので、同条は、かかる行為を禁圧するために設けられたものと考えられるのである。しかし、右のような弊害の防止のためには、私利をはかつてみだりに他人の法律事件に介入することを反復するような行為を取り締まれば足りるのであつて、同条は、たまたま、縁故者が紛争解決に関与するとか、知人のため好意で弁護士を紹介するとか、社会生活上当然の相互扶助的協力をもって目すべき行為までも取締りの対象とするものではない。

このような立法趣旨に徴すると、同条本文は、弁護士でない者が、報酬を得る目的で、業として、同条本文所定の法律事務を取り扱い又はこれらの周旋をすることを禁止する規定であると解するのが相当である。換言すれば、具体的行為が法律事務の取扱いであるか、その周旋であるかに関わりなく、弁護士でない者が、報酬を得る目的でかかる行為を業とした場合に同条本文に違反することとなるのであって、同条本文を、「報酬を得る目的でなす法律事務取扱い」についての前段と、「その周旋を業とすること」についての後段からなるものとし、前者については業とすることを要せず、後者については報酬目的を要しないものと解すべきではない。この見解に反する当裁判所従来の判例（昭和三七年(オ)第一四六〇号同三八年六月一三日第一小法廷判決、民集一七巻五号七四四頁、同三七年(あ)第六七三号同三九年二月二八日第二小法廷決定、刑集一八巻二号七三頁等）はこれを変更する。」

学説も、今日ではこれに従うのが普通のようである（日本弁護士連合会調査室編著『条解弁護士法第4版』（弘文堂、二〇〇七年）六〇八頁以下、大野正男「弁護士の職業的苦悩ー非弁護士活動に関する二つの判決に触れて」判タ二六九号（一九七二年）二頁以下参照）。条文の文理上は、二罪説も成り立つ余地があるが、そもそもこの規定は非弁護士の職業の自由なり市民生活の自由を制限するものであるから、十分合理的な理由がなければ違憲である。「報酬を得る目的」でも一回限りの行為とか、「業として」も、「報酬を得る目的」がない行為は、特段大きな弊害がないから、刑罰をもってこれを禁止するだけの十分な理由があるかどうか疑問である。そして、条文上曖昧であれば、罪刑法定主義の観点から、権利を制限しない方向へと解釈すべきものである。

3　法の明確性の要請に合致した条文の作り方

ただ、法曹の基本法である弁護士法の最も重要な条文がこんな曖昧な規定のままで解釈論ばかりやっているようでは、法曹は責任を果たしたとはいえない。わかりやすい条文の作り方を工夫する政策法学が必要である。もし、二罪説の趣旨で立法したいのであれば、この条文は、「弁護士でない者は、報酬を得る目的で又は業として、訴訟事件、非訟事件及び審査請求、異議申立て、再審査請求等行政庁に対する不服申立事件その他一般の法律事件に関して鑑定、代理、仲裁若しくは和解その他の法律事務を取り扱い、又はこれらの周旋をすることができない」というように、「報酬を得る目的」と「業として」の間に「又は」という接続詞を用いて規定すべきであった。前記のように「、又は」と、「又は」の前に、「、」がついているというだけで、二罪説と読ませる等という立法は罪刑法定主義に反する。

一罪説で立法するなら、この条文は、「弁護士でない者は、報酬を得る目的でかつ業として、訴訟事件……一般の法律事件に関して……その他の法律事務を取り扱い、又はこれらの周旋をすることができない」というように、「報酬を得る目的」と「業として」がともに必要な要件であることがわかるように、「かつ」という接続詞を入れるべきであった。

二　業務独占できる「法律事件」とは？

1　法律事務と法律事件の違い

次に、非弁護士が「報酬を得る目的で、業として」「法律事務」を行えば、即弁護士法違反になるという理解がある（前掲『条解弁護士法』参照）。しかし、弁護士法三条と七二条を丁寧に読む必要がある。

弁護士法三条一項は、「……訴訟事件……その他一般の法律事務を行うことを職務とする」として、弁護士の職務は「法律事務」であり、訴訟事件は例示にすぎないが、同法七二条の定める業務独占については、「報酬を得る目的で訴訟事件……その他一般の法律事件に関して鑑定、代理、仲裁若しくは和解その他の法律事務を取り扱い……することを業とすることができない」として、「法律事件に関して……法律事務」を取り扱えないとしている。

ここで、「法律事務」と「法律事件」が使い分けられていることに注目すべきである。

2　「独占業務」は紛争性のあるものに限定

そして、法律事件は、「事件」と称する以上、法律事務の中で「広く法律上の権利義務に関し争いがあり、疑義があり、又は新たな権利義務関係の発生する案件を指している」（福原忠男『特別法コンメンタール弁護士法』（第一法規、一九七六年）二六〇頁）から、業務独占になっているのは、弁護士の職務になっている法律事務の中で、このように紛争がらみの事件に限るのである。業務独占の規定は刑事法であるから、不明確であってはならず、このように限定解釈するのが正当である（福原『前掲』二六一頁参照）。

そうすると、法的な知識の提供のうち、少なくとも紛争性のないものは「報酬を得て業として行っても」弁護士法違反にはならない。今、司法書士会も成年後見法の相談等を行っているが、それは紛争性がないので、弁護士法違反にならないのである。

判例も同様の趣旨である。たとえば、弁護士法七二条にいう「訴訟事件」とは、訴訟が現在裁判所に係属していることを必ずしも要せず、その前段階においても将来訴訟となるような争訟性を帯びた事案を含み、「非訟事件」とは、非訟事件手続法所定の民事・商事各非訟事件のほか裁判所の権限に属する競売事件、不動産登記事件、戸籍事件等実質的意義における非訟事件を含み、「その他一般の法律事件」とは、同条例示の事件以外の、法律上の権利義務に関し争いがあり若しくは権利義務に関し疑義があり又は新たな権利義務を発生させる案件を指し、また、右規定にいわゆる「その他の法律事務」とは、広く法律上の効果を発生、変更する事項の処理を指す（横浜地判昭和五九年一〇月二四日判タ五五三号一九八頁）。さらに、同旨の判例として、弁護士法七二条前段にいう「その他一般の法律事件」とは、権利義務に争いがあり、若しくは権利義務に関し疑義があり又は新たな権利義務関係を発生させる案件を指称する（札幌高判昭和四六年一一月三〇日判時六五三号一一八頁、判タ二七一号一一五頁）。行政書士が相続手続につき相続財産、相続人の調査、相続分なきことの証明書や遺産分割協議書等の作成、右各書類の内容につき他の相続人について説明することは行政書士の業務の範囲内であるが、紛争の生じている遺産分割で依頼者のために折衝を行うのは弁護士法七二条一項に定める「法律事務」に当たり、行政書士の業務の範囲外である（東京地判平成五年四月二二日判タ八二九号二二七頁）。

これに対し、この解釈は広すぎ、「通常、弁護士に依頼して処理することを考えないような簡易で少額な法律事件」は法律事件に当たらないという批判がある（札幌地判昭和四六年二月二三日判タ二六〇号一四五頁）。この判決は極めて詳しい理由を付けているので一読の価値があるが、高裁（札幌高判昭和四六年一一月三〇日判時六五三号一一八頁、判タ二七一号一一五頁）で破棄されており、長くなるのでここでは省略する。

また、前述の最大判昭和四六年七月一四日も、非弁活動としては、「私利を図ってみだりに他人の法律事件に介入することを反復するような行為を取り締まれば足りる」としている。

ここで「法律事件」の意味について判断したごく最近の最高裁判決を挙げよう。

それは最高裁判所平成二二年七月二〇日判決（裁判所ウェブサイト）である。この事案は、弁護士資格がない被告人らが、ビル所有者（A社）から、そのビルの賃借人らと交渉して賃貸借契約を合意解除した上で各室を明け渡させるなどの業務を行うことを受任してその業務を行ったところ、弁護士法七二条違反の罪に該当するとして起訴されたという事案である。上記被告人らは、ビルの所有者と各賃借人との間においては、法律上の権利義務に争いや疑義が存するなどの事情はなく、被告人らが受託した業務は弁護士法七二条にいう「その他一般の法律事件」に関するものではないから、同条違反の罪は成立しないと主張して争った。

最高裁判所は、この上告人の主張に対し、以下のとおり判示した。

「しかしながら、被告人らは、多数の賃借人が存在する本件ビルを解体するため全賃借人の立ち退きの実現を図るという業務を、報酬と立ち退き料等の経費の割合を明示することなく一括して受領し受託したものであるところ、このような業務は、賃貸借契約期間中で、現にそれぞれの業務を行っており、立ち退く意向を有していなかった賃借人らに対し、専ら賃貸人側の都合で、同契約の合意解除と明渡しの実現を図るべく交渉するというものであって、立ち退き合意の成否、立ち退きの時期、立ち退き料の額をめぐって交渉において解決しなければならない法的紛議が生ずることがほぼ不可避である案件に係るものであったことは明らかであり、弁護士法七二条にいう『その他一般の法律事件』に関するものであったというべきである。」

そのうえで、最高裁判所は、「被告人らは、報酬を得る目的で、業として、上記のような事件に関し、賃借人らとの間に生ずる法的紛議を解決するための法律事務の委託を受けて、前記のように賃借人らに不安や不快感を与えるような振る舞いもしながら、これを取り扱った」ことを理由として、結論として、被告人らの行為につき弁護士法七二条違反の罪の成立を認めた。

弁護士法七三条は、その条文の文言に形式的に該当する行為でありさえすれば、これを一般的に禁止・処罰する趣旨の規定ではない。「みだりに訴訟を誘発したり、紛議を助長したりするほか、同法七二条本文の禁止を潜脱する行為をして、国民の法律生活上の利益に対する弊害が生ずる」おそれがあるものに限定して、同法七三条違反となす趣旨である。そのような弊害が認められない、社会的経済的に正当な業務の範囲内にあるものは、同法七三条に違反しない（最高裁判所平成一四年一月二二日第三小法廷判決、民集五六巻一号一二三頁）。

3　立法も同様

金融機関等が持つ不良債権の処理を促進するために債権管理回収業を許可する制度を創設したいわゆるサービサー法（債権管理回収業に関する特別措置法）も同様の趣旨で立法されている。すなわち、同法は、「委託を受けて法律事件に関する法律事務である特定金銭債権の管理及び回収を行う営業」つまり、法律関係について争いや疑義があり、あるいは新たな権利関係の発生・変更・消滅をもたらすものの回収は弁護士法七二、七三条により弁護士の独占業務であり、一般人には禁止されていることを前提として、特定の業者には許可によりこの禁止を解除するものである。ここで、争訟性のない権利について委託を受け又は譲受して回収することは誰でもできると理解されている（「サービサー法の制定と新しい根抵当・競売制度」ジュリスト一一五二号一〇七頁、一九九九年）。

4　弁護士法七二条の小改正

ただ、弁護士法第七二条は、これまでその例外を、「ただし、この法律に別段の定めがある場合は、この限りでない。」としていたところ、二〇〇四年四月一日に施行された「司法制度改革のための裁判所法等の一部を改正する法律」では、ここでの「法律」の下に「又は他の法律」を加えるとされたので、弁護士法以外の法律で許容されることは弁護士法違反ではないと明確にはなった。それなら、行政書士法の改正だけで、弁護士法に触らずに、弁護士法の例外を設けることができるのであるが、そのような動きはない。

◆注意：行政書士の多重債務整理は弁護士法違反

ネットで検索すると、次のようなケースがある。紛争性があるとされたのである。

行政書士が多重債務整理の相談を受け、弁護士資格がないのに債務者に代わって債権者への通知や残債調査をし、裁判所に出す調停申立書や自己破産申立書などを作成。報酬を受け取った疑いで逮捕された。

交通事故に遭った依頼人からの要請で、報酬約三〇〇万円で保険会社と交渉するなど、資格がない法律業務をした疑い。

女性から内縁の夫の不倫相談を受け、着手金八万円で不倫相手に慰謝料を請求したり和解を勧めたりするなど、少なくとも三回交渉した。大阪弁護士会の告発に対し、当の行政書士は「行政書士法の範囲でできる書面作成と事務手続きしかしていない。慰謝料は相場を伝えただけだ」と告発内容を否定しているという。

第三節　弁護士以外の「士」業の垣根を下げよ

一　縦割りの垣根を緩和せよ

1　縦割りの規制――行政書士と司法書士の業務の区分を例に

現行法では、前記のように、弁護士は「法律事務」全般を行うことができ、弁護士以外の「士」業は、弁護士法の例外として、縦割行政に対応して、それぞれ縦割り的に一定の範囲で業務独占の特典を有する。そして、他の「士」業を含めて、これらの資格を有しない者がその独占業務を行えば処罰されることになっている。

たとえば、行政書士と司法書士の業務範囲については、次のような行政解釈がある（一九六四年九月一五日民事甲第三一三一号民事局長回答）。「司法書士法第一条（現三条）に規定する官庁に提出する書類に添付を必要とする書類又は提出書類の交付請求書（たとえば、売渡書、各種契約書、証拠写の作成、住所、氏名、租税、公課の証明願い、戸籍の謄抄本の交付請求書等）の作成については、司法書士の業務範囲に属するが、右官庁以外の官公署、団体へ提出する各種願書、届出、事実申立書及び前記官庁（裁判所等）へ提出しない各種契約書の作成は、行政書士の業務範囲に属する。」

2　垣根を下げて、相互交流を

しかし、これは妥当であろうか。この制度のもとでは、会社の設立に関して行政書士に依頼したところ、登記（商業登記）の分は司法書士に依頼しなければならない（司法書士法三条一項、七三条一項、七八条）ことになるが、商業登記が行政書士には無理だというほど専門性が高いとも思われない。まして、建設業の許可関係で建設業者の書類作成を手伝っていたところ、役員の変更を必要とするとき、その登記を司法書士に頼まなければならないというのも面倒であるし、行政書士にできないような難しい仕事ではない。実際には、本人が登記申請に出向いたことにしていることが多いらしいが、その程度は行政書士が代理できることにしてもよいのではないか。

◆規制改革会議答申　二〇〇五年一一月
商業・法人登記の行政書士への開放

司法書士の業務である商業登記・法人登記に係る登記申請書の作成および登記手続きについては、行政書士も行うことができるようにすることについて強い要望が出されている。しかしながら、商業・法人登記を行政書士へ開放することが、各種業務分野における競争の活性化を通じたサービス内容の向上、価格の低廉化、国民生活の利便向上等を図るとの方針に沿ったものであるかどうかについては、様々な意見があるところである。

利便性の向上など国民にとって有益な制度改革を行うためには、商業・法人登記業務の実態や国民のニーズを把握することが必要であり、法務省は、関係府省と連携して、制度見直しについて検討すべきである。【平成一八年度検討】

しかし、これもまだ実現していない。

次に、行政書士が遺産分割協議書を作成し、相続の相談に乗ると最後には相続登記が必要になるが、これも司法書士の業務である。逆に、農地を宅地に転用して売却する手続を司法書士に頼もうとしても、転用許可申請は行政書士の業務であるから、顧客は司法書士と行政書士の両方に依頼しなければならない。しかし、農地転用許可申請が司法書士に無理だというほどの難しい業務ではないだろう。会社の定款作成は行政書士の任務であって、司法書士の仕事ではない。しかし、現実には、司法書士が定款を作成している。それなら、行政書士が会社の定款作成の延長で登記をするのも認めるべきであろう。

むしろ、こうした「士」による垣根が国民にもたらす不便の方こそ重視すべきである。そこで、長期的な立法論としては、司法書士と行政書士の垣根を廃止したいところである。もっとも、それぞれの業界には歴史もあるし、試験・資格制度が異なっているから、直ちに直ちに統合するのはそれぞれの利益を害して、不当であろう。しかし、少なくとも、今挙げた例のように、その本来の業務を遂行するときに、あわせて顧客の利便のために関連する業務を行うことは、それが他の「士」業の独占業務であってもできると改正すべきではないだろうか。

総合規制改革会議は「隣接法律専門職種と弁護士との役割分担の在り方」について検討した。もともと、「業務範囲があまりに細分化されている資格については、業務範囲の見直し、資格間の相互乗り入れを検討する。また、業務独占資格者の業務のうち隣接職種の資格者にも取り扱わせることが適当なものについては、資格制度の垣根を低くするため、他の職種の参入を認めることを検討する。」としていた。期待していたが、行政書士の業務拡大はまだ具体化していない。

二　判例は厳格

1　最高裁判決

行政書士が有限会社変更登記申請手続を行ったところ、長期間逮捕勾留され、最終的にも有罪判決を受けた事件がある（いわゆる福島事件、原審は、福島地裁郡山支判平成八年四月二五日判タ九一〇号六八頁、仙台高判平成九年五月二三日判時一六三一号一五三頁）。

この行政書士は、登記は登記原因証書を作成するその職務に付随する業務であるから許されると主張したが、最高裁（平成一二年二月八日判決、判時一七〇六号一七三頁）は、司法書士の業務は「登記制度が国民の権利義務等社会生活上の利益に重大な影響を及ぼすもの」であることにかんがみ、その司法書士の登記業務独占制度は公共の福祉に合致した合理的な制度であり、「行政書士が代理人として登記申請手続をすることは、行政書士の正当な業務に付随する行為に当たらないから、行政書士が業として登記申請手続について代理すれば司法書士法一九条一項（当時）に違反する。」という。

これだけではわかりにくいが、最高裁調査官は、次のように説明している（法曹時報五五巻二号四八七頁以下、二〇〇三年）。

「登記原因証書となる売買契約書等は、権利義務に関する書類であるから、一般的には、行政書士が作成することができる書類に該当する。しかし、これらの書類は、初めから登記原因証書として作成される場合は、登記申請の添付書類として法務局又は地方法務局に提出する書類に該当するから、司法書士が作成すべきものであって、行政書士が作成することはできないと解される。したがって、行政書士は登記原因証書作成業務の付随行為として登記事務を行うことができるという見解は、前提において誤っているものと考えられる。登記原因証書の作成業務及び会計業務は、いずれも行政書士の正当な業務とはいえず、行政書士が代理人として登記申請手続をすることは、行政書士の正当な業務に付随する行為に当たらないというべきものと思われる。」

2　限定合憲解釈は無理か

たしかに、不動産の売買の際に、代金は支払ったが、登記を移転してもらえないといった不正がないようにする必要がある。そして、司法書士は国家試験でも不動産登記法、商業登記法を学んでいるし、法務省、司法書士会の監督を受けているから、それなりにその安全性が担保されるようになっている。そこで、この制度は判例の説くように、現行法の解釈では違憲というほどではないだろう。少なくとも、一般私人が登記業務を有償で代理することを禁止することは違憲ではないだろう。

しかし、この事件では、行政書士が前後一七回にわたり有限会社変更登記等の一七件の登記申請手続を行ったという程度のものであって、司法書士業務を幅広く、本職で行ったのではない。本来、登記は登記原因証書の作成に引き続く業務であるから、それを担当した「士」がそのまま担当できるようにすることが利用者の便宜に資する。そして、商業登記は司法書士として研鑽を積まなければできないほどの難しい業務ではないと見られる。

しかも、初めから登記原因証書を作る場合と、一般的に権利義務に関する書類を作成する場合を区別することができるのだろうか。

前述したように、弁護士の業務独占についても、「私利を図ってみだりに他人の法律事件に介入する」行為を取り締まるためである。司法書士が登記業務を独占する制度も、無資格者が「私利を図ってみだりに他人の登記事務に介入する」ことを防止する趣旨と考えるべきである。

もともと、業務独占は職業選択の自由に関わるから、厳格な合理性の基準に基づく司法審査が必要で、行政書士が本業としてならともかく、付随的な業務として登記を行うことを禁ずる合理性はたりないと思う。この種の軽易な業務はその独占から外して初めて合憲と解釈すべきではなかったかという疑問を感ずる。

3　対策はなかったのか

こうした判決は今後の業界を左右する。内部では種々事情があろうが、判決の影響は本人だけではなく、広く及んでしまうのであるから、この事件では行政書士会が全力を挙げて支援すべきではなかったかという気がする。

また、今時の司法改革の中で、行政書士が勝ち取るべきはこのことではなかったか。司法書士も、登記はできるが、その前提となる許認可を申請できないのでは、不便である。登記の前提となる許認可の申請は司法書士もできるとする代わりに、登記原因証書を作成したらそれを登記することも行政書士の業務としてバーター交換するのはどうだろうか。右のような判決が出た今日、時期遅れの感があるが。

第三章　法治国家は行政書士の武器、放置国家にするな

行政の権限は、法律に基づかなければならず、それは憲法に適合しなければならない。法律に基づかずには権限を行使してはならず、法律が不備なら改正すべきである。法律が不備だという理由で、同意を取らせたり、法律上必要のない書類を要求したり、法律とは別個の基準を導入することは違法である。これはどの教科書にも出ているイロハであるが、日本では相変わらず法治国家違反の運用がまかり通っている。それを放っておくのだから、放置国家である。

第一節　無茶な行政指導対策――農地の転用許可の例

一　転用許可基準を法律で定める

農地転用許可（農地法四条）の基準は、以前は法律では白紙で、通達で定められていた。これは財産権の内容は法律で定めるという憲法二九条二項違反と思われるが、今は法改正により、抽象的ではあれ法律に基準がおかれることになった。しかし、細かいことは結局、二〇〇〇年の地方自治法改正法二四五条の九で導入されたいわゆる処理基準で定めることになった（二〇〇〇年六月一日一二構改Ｂ四〇四「農地法関係事務に係る処理基準について」『農地六法』に出ている）。実態は通達で定めていたこれまでとさして変わりはなかろうが、建前としては、多少は法治国家的になったので、嬉しいことである。

二　転用許可には隣地所有者の同意が必要

兵庫県では農地の転用許可申請、転用のための権利移動の許可申請に際しては、隣地の所有者・水利権者等の同意が要求されている。

農地関係に詳しい行政書士によれば、次のような例がある。

保育所ができると、隣地の農地が風害の被害を受けるという理由による不同意があった。現地の近くに同様の建物のために稲が倒れている例があったのである。そこで、保育所の敷地に樹木を植える等の対策を講じて、返り風を防いで、同意を得た事例がある。

パチンコ店のための農地転用に隣接所有者五名の同意を求めたところ、雨水が流入するとか、夜遅くまで点灯するので害虫が集まる等と反対されたが、実は、既存のパチンコ店から依頼されて当該土地を取得していたもので、耕作の実績もなかった。そこで、この農地の売買の許可を虚偽申請で取り消し、新規のパチンコ店に農地転用を許可した事例がある。あるいは、自分の土地の周辺を分筆して、自分が自分に同意するという形式を取って、行政指導をクリアーした例もある。

この同意制度の根拠は兵庫県「農地等の権利移動の許可手続等を定める規則」三、四条である。

第三条（農地を転用するための許可手続）第二項第五号
申請に係る事業の実施又は施設の利用について次に掲げる者の同意書又は疎明書
ア　転用しようとする農地に隣接した農地等がある場合にあっては、当該隣接する農地等の所有者及び耕作者

イ　申請の目的に係る事業の実施又は施設の利用について取水又は排水を伴うものにあっては、当該取水又は排水に係る水利権者、水路管理者、漁業権者等

第四条（農地等の転用のための権利移動の許可手続）も同様である。

この規則の根拠は、農地法施行令第七条第一項、一五条一項であり、そのもとは農地法四条二項四号であるという。農地法は、農地転用により、「土砂の流出又は崩壊その他の災害を発生させるおそれがあると認められる場合、農業用用排水施設の有する機能に支障を生ずるおそれがあると認められる場合その他の周辺の農地に係る営農条件に支障を生ずるおそれがあると認められる場合」不許可とすることを義務付けているが、ここでは同意制度は規定されていない。

この施行令七条一項は「法第四条第一項の許可を受けようとする者は、農林水産省令で定めるところにより、農林水産省令で定める事項を記載した申請書を、農業委員会を経由して、都道府県知事に提出しなければならない。」としているだけである。書式を省令に委任しているだけである（同一五条も同じ）。

しかし、農地法施行規則二六条第五号では農地を転用するための許可申請書の添付書類として「申請に係る農地を転用する行為の妨げとなる権利を有する者がある場合には、その同意があったことを証する書面」との規定がある。

兵庫県の同意制度はこれを根拠とするものであろうか。そうではない。農地法施行規則は、転用を妨げる権利者の同意というもので、小作権者等を指す（これについては六で述べる）。これに対して、兵庫県の条例は、隣接所有者等の同意を求めているが、これらの者は転用を妨げる権利を有しないので、農地法施行規則を超えるものである。

三　隣人の同意制度は違法

では、兵庫県規則の根拠は何か。隣人の同意を取るのは、前記農地法四条二項四号に定める不許可基準該当性を判断するためだという。別の言い方をすれば、農地の転用に際しては、隣人から苦情が来る場合もあり、隣人の権利と転用する権利を公平に扱う必要があるからだということである。

しかし、同意権とは、何らの理由もなくノーという権利であるが、そのためには、私法上の権原がなければならない。私法上の権原がないのに、隣人同士がお互いにノーといえるとすれば、土地はお互いに使えないことになって、権利が死んでしまう。実際的にも、「反対のための反対」が横行するし、根拠のない同意金の要求が水面下で行われる。

前記のパチンコ店の例のように、悪用も蔓延るが、よほどのことでないと証拠は出てこない。この例も、隣接所有者五名とも隣町の住民で、しかも、隣人の農地取得は新規パチンコ店が農地を取得した後であったので、調査したら、耕作もしていない名義貸しだと判明したのであって、普通は、ばれないであろう。

浄化槽を設置しようとすると、周辺住民、水利権者の同意を求められた。最近は、トイレの汚物だけ処理する単独処理浄化槽ではなく、風呂、洗濯、台所の汚水もトイレの汚水と一緒に処理する合併処理浄化槽しか許容されない。これは生活排水を浄化するから、周辺住民、水利権者にとってもよいことなのに、県条例や要綱などが水利権者などの同意を要求するので、不合理にも、同意金を要求されることがまだある。

廃棄物処分場紛争等では、住民の同意のない処分場は許されない等という主張がなされ、多くの都道府県は周辺住民の同意を要求している。しかし、他人の土地の利用について同意権等はどこにもない。処分場の経費を高騰させることになる。ただし、安全性が問題かどうかの審査が必要なことは当然であるが、理由が曖昧のままノーという権利はないということである。

こうした同意の制度は、これまで行政指導で使われてきた。行政指導なら強制力がないからまだましだということであるが、規則を制定して、許可制度に正面から組み込むのは違法・違憲である。この県の規則は廃止されなければならない。

隣地に重大な影響を及ぼすかどうかを審査するため（前記農地法四条二項四号の要件充足の判断）というのなら、同意ではなく、隣人の意見を聴取して審査する制度をおくべきである。それも、行政が行うからには、私人間の紛争のレベルを超えた公共的な影響がなければならない。

もっとも、同意が取れないときは疎明書でもよいという扱いになっているが、それでも疎明書を提出すればどういう審査が行われるのかが、条文上はっきりしない。これも法治行政違反である。行政指導としても、好ましくないから廃止すべきである。

さらに、兵庫県規則は上記の条文（三条二項五号ア、イ）に続いて、「ウ　農地を転用した結果付近の農業又は住民の生活環境等に影響を及ぼすおそれが生ずる場合にあつては、当該影響を受ける者又はその代表者」の同意書又は疎明書が必要とされているが、これも同様である。

こうした審査は、隣人の同意書ではなく、許可権者が自ら調査して判断すべきことだし、隣人の意向を聞くとしても、この許可要件に反するかどうかの意見を求めればよい。それは許可申請者に求めさせるのではなく、県知事から直接に隣接地の所有者に問い合わせて、審理すればよいのである。

その上、この兵庫県規則第三条四号では、「転用の目的に係る事業の実施及び施設の利用によって付近の農業又は住民の生活環境等に影響を及ぼすおそれが生ずる場合にあっては、これを防止するための防除施設の設置状況を明らかにした書類」が要求される。

これも転用後の利用の仕方を審査する。工場ができるのなら工場の規制関係法でも規制するが、農地転用の段階でも審査するのである。宅地から農業用水路への排水は農業生産力に影響を及ぼすとして、転用許可の審査対象にしているのであるという。

しかし、公害関係なら公害関係の担当課で審査すべきであり、農地担当課の段階でどこまでわかるのであろうか。また、申請者としてもどれだけの書類を用意すればよいのか、それにしても曖昧である。法治行政の見地からは好ましくない。

四　実は農水省も同じ見解

こうした私見は、別に独自説ではなく、農地転用許可制度のしくみから当然に導かれるものであるが、すでに農水省でも平成七年の通達（農水省構造改善局長「農地転用関係事務処理の迅速化及び簡素化について」一九九五年七月二八日七構改B八三一）で、「転用許可申請書等に添付義務のない隣接者の同意書等の一律添付を求めているところがみられる。このようなことは申請者に過分の負担を課するものであるので、提出を求めることのないよう指導の徹底を図ること」としてきたのである。前記の平成一二年の処理基準にはこのことは規定されていないが、当然のことだからであろうか。

五　組織としての対応を

現場の行政書士としては、行政指導で不要な書類を要求された場合でも、個別の事案で個々の課に対し反論するのは角が立つが、行政書士会として一般的に説明すれば大丈夫だろう。

こうして無駄な書類が整理されたら、行政書士の仕事が減るのではなく、無駄な仕事が減るから、仕事がやりやすくなる。行政書士会として、「こんなものは要らない　行政指導　一一〇番」を作って、例を集め、検討の上、行政機関と協議すべきである。

六　他の権利者の同意を求める法律は適法

1　他人の同意を求める法律

一般には、各種の許認可においては私法上の権利の有無は無関係である。それは行政の判断すべきことではない。また、隣人の同意を要求すべきものではない。それは先に、農地の転用許可を例に説明した。しかし、法制度の中には、例外として、他人の同意を求めることが許される場合がある。それをここで説明しておこう。

農地の転用許可においては、抵当権者や共有権者の同意書が必要とされている。その根拠は、単なる行政指導ではなく、農地法四条二項三号で、「申請に係る農地を農地以外のものにする行為の妨げとなる権利を有する者の同意を得ていないことその他農水省令で定める事由により、申請に係る農地のすべてを住宅の用、事業の用に供する施設の用その他の当該申請に係る用途に供することが確実と認められない場合」転用が不許可となるという規定である。

ここで、『農地転用許可制度の解説』（農林水産省構造改善局農政部農政課、農地転用実務研究会編著、東京法令出版株式会社、一九九九年）一二二頁によれば、「転用行為の妨げとなる権利」とは、農地法第三条第一項本文に掲げる権利である。農地には、農業者の農業経営の規模拡大、農作業の効率化等のため賃借権等の利用権が設定されている場合が多く、これら小作地を耕作者以外の者が転用する場合には当該耕作者の同意が必要となる。ただし、第三者が転用のために農地を取得する場合においては、農地等の賃貸借は農地法第一八条第一項により当該第三者に対抗することができることとされているが、使用貸借による権利により耕作している場合においては、当該耕作者は当該農地を取得する第三者には対抗できないので「転用行為の妨げとなる権利を有する者」には該当しない。

右以外で同意を得るものとしては、たとえば、小作地を耕作者が転用する場合において地権者の同意を要する場合、共有地を一部の地権者が転用する場合において他の地権者の同意を要する場合等が考えられる。

なお、申請に係る農地に許可申請者以外の抵当権が設定されている場合や所有権移転請求権保全の仮登記が付されている場合があるが、このような場合には、抵当権の実行がなされ、又は所有権移転登記がなされることにより第三者が地権者となる可能性がある。このような状態は農地転用の実現が不安定であり、転用事業者にとってもこれを解消することが必要であることから、抵当権の登記又は仮登記の抹消あるいはそのままの権利状態で転用目的に供することについて関係権利者が同意していることを転用事業者に確認して許可する運用がなされている。

2　これは適法

たしかに、小作人や抵当権者が同意しないのに、現状変更すれば、小作人の権利や抵当権者の権利を侵害するので、違法になる。ただ、それは本来、民事法の問題である。行政は公益を担保するのであって、民事法に介入するのは一般には認められない（その例は阿部泰隆『行政法解釈学Ⅰ』（有斐閣、二〇〇八年）三二八、三四〇頁）。そこで、この農地法の制度は他には一般に見られない珍しいものである。

もともとこれは行政指導であったので、相手方に強制しなければ適法だとされてきた。実態は、指導といっても強制であるから、感心できるしくみではないが、それでも適法とされてきたのである。今日ではこれを法律で定めることとなったので、強制である。そうすると、民事の権利関係を許認可の基準とすること、つまりは行政が判断することが憲法に違反するかという問題が起きる。しかし、この場合には、行政が私人間の紛争に介入するのではなく、単に抵当権者の同意という明確なものであり、これを要求しても許可申請者に不当に過大な負担を課すものではないので、違憲ともいえまいと思われる。

七　許認可における見合い規定は違憲

許認可において他の許認可が取れる見込みを要件にする例がある。たとえば、農地法第四条第二項第三号に基づく農地法施行規則四七条は、

（申請に係る農地のすべてを申請に係る用途に供することが確実と認められない事由）

一　法第四条第一項の許可を受けた後、遅滞なく、申請に係る農地を申請に係る用途に供する見込みがないこと。

二　申請に係る事業の施行に関して行政庁の免許、許可、認可等の処分を必要とする場合においては、これらの処分がされなかつたこと又はこれらの処分がされる見込みがないこと。

を農地転用不許可事由としている。

これは、たとえば、農地の転用を許可したが、工場の設置が許容されないとき転用された農地が遊休化してムダになるから、工場の設置が認められる見込みを許可の要件とするという趣旨である。縦割り行政の弊害を防止するものである。権限が同じ行政機関に属している場合には、両方を見て判断することも許されるのではないかと思われる。

行政書士業務としては、これら「見込みがある」とかないとかを証する書面を作ることになる。当局が過剰な要求をするなら、何が必要かを当局と議論することになるであろう。

ここではそれとは別の平面であるが、法律論をしたい。他の許認可が取れるかどうかは、権限外であるから、

判断が容易ではないし、他の許認可が最終的に取れるのに、取れる見込みがないとして、ここで許可されないとすれば、権利を侵害する。違憲というべきではないか。まして、この許認可を得られないことが違法であったり、行政指導のために他の許認可を得られそうにない場合に、農地法の許可を発しないのを適法とする判例（水戸地判平成一一年三月二四日判例自治二〇〇号八八頁）があるが、これは法治行政に反する（山村恒年・判例自治二〇七号九二頁参照）。

あるべき制度としては、農地の転用は農地法の関係だけで許可するが、そこで、工場の設置が認められて初めて効力を生ずるという条件を付せばよい。そして、一定期間内に条件を満たさなければ許可を取り消すとか、許可に期限を付しておけば、無駄な農地転用を防止するという目的を妨げるものはない。

都市計画法六一条二号では、都市計画事業の認可の基準として「事業の施行に関して行政機関の免許、許可、認可等の処分を必要とする場合においては、これらの処分があつたこと又はこれらの処分がされることが確実であること。」としている。

これも他の処分がなされたときに効力を生ずるとすべきである。

第二節　行政関連の手続コスト・行政指導のコストの削減を要望せよ

一　住民の反対による業者の負担増加

行政庁に申請すると、とにかく手間暇がかかって、予測外の不利益を課され、事業主の負担が大きいことが多い。

たとえば、マンションを建設しようとすると、低層住宅地に住む住民が反対するので、まちづくり条例ないし行政指導により、事業者に、説明会の開催やら、役所のご指導を得る等を求めるので、事業者は大変な負担を負う。あらかじめ土地利用のルールを明確にし、その地域はマンションを建てることができるとかできないとか、住民参加をふまえてどっちかに決め、あとは一切反対を許さないのが本当の法治国家である。国立マンション事件では、高さ制限のない土地に業者が一四階建てのマンションを建てたら、地裁では、景観権を主張する住民の訴えで二〇メートルを超える部分の撤去を求められたが（東京地判平成一四年一二月一八日判時一八二九号三六頁、判タ一一二九号一〇〇頁）、私見（「景観権は私法的（司法的）に形成されるか」自治研究八一巻二月号三―二七頁、三月号三―二七頁。二〇〇四年）を踏まえ、高裁（東京高判平成一六年一〇月二七日判時一八七七号四〇頁、判タ一一七五号二〇五頁、判例自治二五九号八四頁））では、住民の請求が棄却され、マンションは維持され、最高裁（平成一八年三月三〇日民集六〇巻三号九四八頁、判時一九三一号三頁、判タ一二〇九号八七頁、判例自治二七九号七九頁）でも、やや理論は異なるが、業者勝訴であった。

なお、国立市の方が、地区計画条例であらかじめ（業者の建築着手前に）高さ制限を法定化すべきであったが、タッチの差で遅かったのである。

二　細かい無駄な規制

ある人の話では、雑木林を切って、テニスコートを四面作ろうとしただけで、市が、開発許可を要するとして、うるさい調査や負担を要求してきた。開発面積に応じて、排水処理が必要だといって、側溝の拡幅を求めてきた。しかし、もともと、雑木林のところが、テニスコートになった程度で、大量の雨が一時にあふれ出て、周辺が洪水になるほどではあるまい。しかも、側溝を拡幅するには、道に沿って民有地を買収しなければならない。これは不可能である。それができなければ遊水池を造れという。これにも巨額の費用がかかる。

もっとも、この人は知恵者で、このテニスコートを造成するとき、開発行為、つまりは区画形質の変更（都計法四条一二項）に当たらなければ許可を要しないので、盛り土、切り土をしないと称していたという。実は切り土、盛り土をしたのだが、後から文句いわれても、そのときはすでに元の状態はないから、今更何センチ切ったかはわからない。これは、都市計画法違反かもしれないが、役所は告発してこない。

さらに、そのテニスコートが道路事業に引っかかって、移転することになった。そこでも、開発許可を取る必要があった。そうしたら、地震の点で大丈夫かと、ボーリング調査を求められた。これだけで一年と五〇〇万円かかった。

これらの規制は本当に無駄である。顧客の立場で時間コストを考慮することをしない役人が蔓延って、開発許可を取るのに大変な手間と時間がかかる。これが日本の社会的なコストを増大させている。規制を精選し、本当に必要な規制だけに止めるべきである。

三　不備な国法への対応

もっとも、国法が不備な場合には、別に自治体レベルで規制することもやむをえない。たとえば、産廃処分場は、それ自体環境を汚染する可能性が高く、廃棄物処理法の規制だけでは必ずしも十分ではない。そこで、自治体レベルで、水源保全条例等で、せめて水源地帯だけでも避けてと、合理的な基準を作ることは許容されるべきである。徳島地裁平成一四年九月一三日判決（判例自治二四〇号六四頁）は水源保全条例を廃掃法に違反するとしたが、私見ではとうてい賛成できない。この高松高裁平成一八年一月三〇日判決（判時一九三七号七四頁）は、別個の理由で結局はこの条例を違法とした。

第三節　法律に基づかない拒否処分等

一　法的拘束力のない通達は無視せよ

埼玉県内の男性が東京陸運支局に教習車への用途変更を申請したところ、警察の証明書がないことを理由に拒否されたのは違法だとして、国等に損害賠償を求めた訴訟で、東京地裁（平成一五年一〇月一日、藤山雅行裁判長）は、「証明書は不要」と男性の主張をほぼ認め、国に一〇万円の支払いを命じた。自動車の用途変更を巡る判決は初めて。

ＴＫＣ提供判決概要によれば、次のようである。

原告が、自動車検査登録事務所において、自己が所有・使用する自動車の車体の形状につき放送中継車から教習車への変更があったとして、その旨の自動車検査証の記入申請をしたところ、指定教習所路上教習用自動車証明書等の写しが未提出であることを理由に記入申請が拒否されたため、その取消し等を求めた事案で、車両法に基づく車両の登録や検査に当たって、車両の用途等についての申立内容が真実に合致するか否かを審査することは、同法に基づく規制権限の範囲をこえるものであるから、本件証明書の提出は不要である上、保安基準上要求される機能の面においても、本件車両に申請を拒否すべき事由は認められない、通達の内容は、行政庁の内部的な指針ないしは行政手続を定めた執行命令としての性質を有するにとどまり、国民を法的に拘束するものではないとして、本件処分を違法として取り消した。

二　法律に基づかない不認可

次に、中小企業等協同組合法に基づく組合設立不認可の取消しを求めたアダルトビデオ制作会社が勝訴した（毎日新聞二〇〇三年一〇月二日）。この業者は、共同受注等を目的にした組合設立について、同法に定める「必要な経営的基礎を欠く等、目的を達成することが著しく困難と認められる」等の理由で認可されなかった。さいたま地裁平成一五年一〇月一日判決は、「中小企業等協同組合法は公序良俗に反するとの理由から設立を不認可とする権限を国に与えていない」として不認可処分を取り消した。

これは報道によれば（判例集未登載なので、報道を借りる）、判決は「ビデオがアダルトものだと判断したため不認可にしたとみられてもやむをえない」と指摘。「恣意（しい）的な不認可処分があってはならない。（業務内容については）検査・業務改善命令等の監督権限で適切に対処すべきだ」と述べた。

国側は「一二社のビデオの多くは風営法等の規制対象。販売は刑法に抵触する可能性があり、組合の目的を達成できない」等と反論していた。

三　役所の無理難題には応ずるな

行政書士はこの類の指導・指示を受けても、反論することなく、それに応じて書類を整えるのが普通であろうが、場合によっては、断固抵抗することも必要であるし、個々人でやれば潰されるかもしれないが、組織としては、法治国家への行政運用を求める正道を歩むべきではなかろうか。

第四節　ノーアクションレター

民間企業等が新たなビジネスを興したり、新商品を販売しようとしたりする際に、その行為が法令に抵触しない（違法でない）ことが明確でないため、事業活動が萎縮してしまうようなケースが想定される。そこで、自ら行う行為が法令に基づく不利益処分の適用の可能性があるかどうかを照会に応じて回答する制度が必要である。これに対応するのが、法令適用事前確認手続（ノーアクションレター）で、二〇〇一年三月二七日閣議決定「行政機関による法令適用事前確認手続の導入について」で導入の方針が出された。たとえば、経済産業省では、同年六月一日より手続の運用を開始した。この手続は次の通りである。

http://www.meti.go.jp/policy/no_action_letter/index.html

この手続については各省のホームページに出ている。

手続きの進め方

1）本手続の対象である経済産業省所管法令（条項）について、以下の照会ができます。

自ら行おうとする行為が、

1　法令（条項）に基づく不利益処分の適用の可能性があるかどうか

2　法令（条項）に基づく許認可等を受ける必要があるかどうか（許認可等を受けない場合、罰則の対象があるかどうか）

3　法令（条項）に基づく届出・登録・確認等を受ける必要があるかどうか（届出・登録・確認等を受

けない場合、罰則の対象があるかどうか）

2）照会する法令を特定した上で、照会書に必要事項を記載し、法令（条項）毎に設けられた照会窓口に提出して下さい（E-mailによる提出も可能。）。また、代理人による照会も可能です。なお、照会書については必要に応じて補正をお願いすることがあります。

【必要事項】

1　将来照会者自らが行おうとする行為に係る個別具体的な事実
2　適用対象となるかどうかを確認したい法令の条項
3　当該法令（条項）の規定の適用対象となるかどうかについて、見解及びその結論を導き出す論拠
4　照会及び回答内容が公表されることに同意していること。なお、照会対象法令（条項）の性質上照会者名を公にすることが回答に当たって必要とされる場合に、照会者名が公表されることに同意していること。

3）原則として照会書を頂いてから30日以内に回答を行います。

4）回答してから原則30日以内に、照会及び回答の内容を経済産業省のホームページで発表します。なお、照会書の提出時に公表遅延希望を申し出ることができます。

これらの手続の流れの詳細については、「経済産業省における法令適用事前確認手続に関する細則」を参照して下さい。

これで行政書士の仕事も非常に楽になる。予測外に処分を受けないようにできる。ただし、曖昧な返事、当

局に有利な返答が少なくない。

許認可を取れるかどうかはこの対象ではない。それについては、相談に行けばよい。

地方公共団体でもノーアクションレターの制度を作るように、行政書士会は働きかけるべきである。

第五節　情報公開法を活用せよ

二〇〇一年四月から、国でも情報公開法が施行された。地方公共団体でも情報公開条例をおいている。これは原則公開となっているが、実際には、役人にとって都合の悪い情報はなかなか出さないし、出すにしても、時期遅れにする。それでも、以前は入手できることが予想できなかった文書が開示される。行政書士は是非これを活用してほしい。

具体的な判例は多数であり、拙著『行政法解釈学Ⅰ』でも詳解しているが、たとえば次のような例を挙げておく。

残業・休日労働に関するいわゆる三六協定については、厚労省も国の情報公開審査会も非公開としたが、筆者の意見書もあり大阪地裁で公開の判決が確定した（「残業・休日労働に関するいわゆる三六協定の情報公開について（1）（2）」自治研究八五巻一〇号三頁以下、八六巻一号三頁以下。二〇〇九〜二〇一〇年）。

過労死を出した企業名について厚労省は非公開の方針であったところ、筆者の意見書もあって、大阪地裁平成二三年一一月一〇日は公開判決を下した。

神戸市御影工業高校跡地のコンペ方式による売却に関し次点の応募者の応募書類が公開された（大阪高裁、最高裁までかかった）。

裁判をしなくても、神戸市が弁護士に払っている報酬が公開された。一件一事務所・審級毎に五〇万から一〇〇万円払っていることがわかった。また、特定の事務所には市営住宅の明渡し請求訴訟を大量に委任し、年間三〇〇〇万円以上払っていたことがわかった。

横浜三五七号線という、片側二車線、一キロに一回くらい信号がある他は、立派な高速道路並みの道路で、速度制限が五〇キロとなっていて、八一キロ走行でねずみ取りに引っかかり免許取消しを受けた事件で、この道路の速度制限を決めた理由を公開させたら、何の理由も書いていなかった。

保安林指定解除申請が却下されたが、森林審議会の議事録、答申を公開させたら、議論をしているが、森林法上まともな理由はついていなかったので、この処分の違法性が推定される。

新規競争業者の許可は違法だと既存業者が取消訴訟を起こし、新規業者への許可には違法があるはずだから、許可書を開示せよと求めたが、非公開とされてしまった。理由は訴訟に関する事務だと言うが、それ自体は訴訟に関するものではないので、このような非公開は違法である。

ただ、裁判で公開させようにも時間がかかって、役に立たないので、なるべくなら最初から公開してもらえるように、十分に理由を付けて申請するのがよい。そうすれば、拒否されても、情報公開審査会である程度認められるかもしれない。

第六節　行政手続法を活用せよ

一　行政手続法とは

従前、処分の時に理由を附記するか、いつまでに処理するか、処分前に言い分を聞くか、聴き方はどういうやり方か、聴聞か、弁明か等、行政の手続ルールが不備不統一であった。そこで、学界では、行政の手続ルールを定める統一法の制定が長年提案されてきた。一九六四年の第一次臨時行政調査会で行政手続法草案ができたが、なかなか成立しなかった。日本の政治過程ではこうした公益立法の応援団が不足し、役人は縛られるのがいやだからである。しかし、一九九三年になって行政手続法が成立した。立法化の背景は、産業界が行政指導に従いたくなくなったためである。その機会に、行政指導だけではなく、行政処分にも規定がおかれた。これは、行政相手に交渉する行政書士にとっては大変強力な武器である。その目的（一条）は、公正な行政運営と行政の透明化である。

二　定義等

まず、定義（二条）において、申請、不利益処分（拒否処分は含まれず）、行政指導、届出を区別し、公務員、学生、外国人、試験等を適用除外とする（三条一項）。また、国又は地方公共団体が「固有の資格」に基づいて処分を受ける場合には適用除外される（四条）。行政手続法は私人の地位を保護するための制度だからである。たとえば、地方公共団体が地方債の同意を拒否されるような場合である。特殊法人に対する監督処分も同じである。これに対し、国の施設が消防長から措置命令を受ける場合（消防法一七条の四）は、民間人と同じ立場なので、本法の適用がある。

三　申請に対する処分

許認可等では、裁量が広いときどんな判断をされるか予測できない。そこで、審査基準を明確にして、予測可能性を高めることとした。行政書士としては、どんな理由と書類を用意すれば許可になるかがわかる（五条）。

中国人医師が日本の医師国家試験本試験を受けようとしたら、予備試験から受験しなさいとして、本試験の受験資格を拒否された。その際、受験資格の有無の判断に関する審査基準を示されなかった。これは試験そのものではなく、受験資格であるから、行政手続法の適用がある。これは阿部泰隆意見（「中国人医師の申請した医師国家試験本試験の受験資格を拒否した厚生大臣の処分―行政手続法の適用、審査基準の司法審査―」、『行政法の解釈2』信山社二〇〇四年）を参考にした東京高裁平成一二年六月一四日判決（判時一七五七号五一頁）である。

◆審査基準の例：個人タクシー事業の許可基準

これは道路運送法第六条第一項を具体化するものとして、国土交通省各地方運輸局毎にさらに具体的に定めている。主なポイントは、

1　年齢が申請日現在で、六五歳未満であること。
2　タクシー等の運転経歴が一〇年以上であること。
3　過去の一定期間に、道路交通法等の違反歴がないこと。
4　開業に要する一定の資金を有すること。

などである。法人タクシーはいやだ、個人タクシーに変わりたいという者は、これらを全て満たすように努力しなければならない。タクシーが多すぎるとして減らさせようとする今日、国土交通省は、新規の個人タクシーは認めず、廃業する者から譲受した者にだけ認める方針をとっている。私見では、法人タクシーなら運転できるのに個人タクシーを狭き門にするのは合理的な理由がなく、職業選択の自由を侵害して違憲だと思っているが、それは行政書士の業務範囲を超える。

標準処理期間（六条）が目安として公表される。これは役所に備え付けてある。握りつぶし対策で、早く処理して、といえる。不作為の違法確認の根拠になるが、期間が過ぎたら不作為が当然に違法になるとか、許可になるといった効果はない。

要件を満たさなければ、補正を求めるか、拒否するか、どちらかにする。受理拒否・放置は許されない。受理という概念はなくなった。迅速な審理（七条）が求められるのである。補正優先という制度はない。補正してもらえなければ、拒否されるので、争えばよい。しかし、拒否されてから争うのでは大変な負担であり、なるべくは補正できるように拒否事由を教えてもらうのが申請者の代理人の腕である。

拒否処分にも理由の提示が必要である（八条）。これで争うことが容易になる。理由らしい理由を付けないと違法になる。

情報の提供は（九条）努力義務であるが、しかし、当局が無視するのは容易ではないから、大いに活用すればよい。

公聴会（一〇条）は認められるのは例外で、嫌忌施設、計画等に関して、今後の課題である。

複数行政庁が複数の許認可に関わり、役所同士見合いして、手続を進めないことを禁止する（一一条）。

四　不利益処分

申請に対する処分は、これから処分を求める場合であり、不利益処分は処分を受けた場合である。

処分基準の設定は（一二条）不利益処分の場合義務ではない。手の内を見せることになるからである。

不利益処分手続（一三条）には、聴聞と弁明がある。聴聞は正式手続で口頭弁論を行い、処分庁に対して質問もできるし、文書閲覧請求権（一八条）がある。強力な手続である。代わりに、許可の取消等にしか適用がない。弁明（二九条）は簡単で、書面で反論するだけの手続で、それ以外の不利益処分に適用される。

理由の提示（一四条）も求められる。

聴聞手続（一五条）の代理（一六条）は、行政書士業務とすることができるか。この問題は、第四章第一節で述べた。

五　届　出

届出の受理拒否は法的にはなくなった（三七条）。受理拒否された場合、これまでは、受理拒否の取消訴訟で争っていたが、内容証明又は配達証明で送れば受理された扱いになる。

六　行政指導に負けるな

行政指導任意性の原則が明示された（三二―三四条）。これは法治国家の原則に基づく判例法の具体化である。これまで、建築確認の際に求められた住民同意とか、水道の給水拒否を違法とした最高裁判例がある（最判昭和六〇年七月一六日民集三九巻五号九八九頁等、阿部泰隆『行政法解釈学Ⅰ』（有斐閣、二〇〇八年）一四七頁以下）。

許可を受けている者に対して、許可を取り消せない場合に、取り消すと脅して、行政指導するとか、許可しなければならないのに、不許可にするとして行政指導することは許さない（三四条）。

行政指導の方式は口頭でもよいが、書面交付請求権（三五条）がある。行政指導を受けたとき書面をくれというと、役所がおりることが多い。書面交付を求めるなという裏の行政指導があるかと思ったが、案外なかった。業界団体を通じた指導（三六条）も規制される。しかし、書面が交付されないときは、書面を交付せよといった訴訟（公法上の当事者訴訟）を提起するよりは、「では従わない」とがんばり、予想される処分の差し止めなど求める方がよい。

都道府県、市町村の場合、法令に基づく処分は、地方公共団体の機関が行っていても行政手続法の適用を受ける（三条二項）。これに対し、行政指導や条例・規則に基づく処分・届出は同法の適用外で、行政手続条例で対応される。田舎の町村では、まだ行政手続条例を制定していないところがある。行政書士はその制定運動をすべきである。

これらの文書を官公署に提出することは行政書士の独占業務である。

七　この法律の意義

たとえば、都市ガス業者が営業区域を拡張するためには既存のプロパンガス事業者の同意を要するという行政指導が、行政手続法の施行後、一九九四年に違法と指摘されたことがあった（天草ガス事件）。

法律上不要な書類の添付を要求する例がある。たとえば、飲食店営業許可申請に、食品衛生指導員の事前指導票を添付させるとか、合併処理浄化槽の設置届出に、水利組合の放流同意書を添付させるといったものである。しかし、これは法律に基づかないから拒否できる。

開発許可を申請すると、周辺住民の同意や説明会を要求されるのが実態であるが、これに対して、正式に申請すれば、すみやかに審査しなければならない。筋を通して、不当な指導を拒否すべきである。

行政手続法は、このように行政書士にとって大きな武器である。受理拒否や不透明な処理に反論し、迅速な処理を求めることができる。曖昧な行政指導に対抗できる。この法律を生かすのは行政書士の任務であり、責務である。

なお、行政指導については、第三章でも詳述した。

八　受理拒否への救済、届出と許認可

1　受理拒否に対する救済を廃止

行政手続法は、申請に対する処分、不利益処分、届出という分類をした。当事者から積極的に一定の地位を求めるものを考えると、申請に対する処分（許認可、登録等）と届出である。行政手続法の制定前は、許認可の申請が受理されずに握りつぶされたり、届出が受理されず、返戻されたりした場合、受理拒否という行政処分があると観念して、その取消訴訟を提起するということが行われてきた。

ところが、行政手続法では、許認可の申請書が行政庁の事務所に提出されれば、形式上の要件を満たさない場合には補正又は拒否処分の手続が取られ、さもなければ、遅滞なく審査を開始しなければならない（七条）として、握りつぶしたり、返戻したりしてはならないことになる。それにもかかわらず、放置したりすれば、不作為の違法確認訴訟の対象になる。

届出の方は、同様に形式上の要件を満たせば、さらに審査することはないので、届出をすべき手続上の義務が履行されたとされる（三七条）。では、届出が拒否され、返戻された場合、届出が済んだとして、適法に行動することができるか。行政手続法の制定により、受理概念はなくなった。受理拒否があっても、これを無視してよいといわれるが、どういうことだろうか。

これまで、受理拒否は行政処分であり、それに公定力（取り消されるまでは有効として通用する力）が働き、拒否を取り消して貰わないと、受理されたことにはならないといわれてきた。ところが、行政手続法では、受理概念がなくなったので、ＭＫタクシー不受理処分第一次訴訟名古屋地判（平成一三年八月二九日判タ一〇七四号二九四頁）は、届出は、形式上の要件に適合するものである限り、提出先機関の事務所に到達したときに効力を生じ、提出機関が届出を受理しなくても届出の効力に影響を及ぼさないという。届出の要件を満たしているのに、それ以外の理由で受理が拒否されたときは、受理拒否の取消訴訟等を提起して勝訴する必要がなく、直ちに届出に関わる行為をすることが許されるという趣旨である。

2　解釈上の混乱

しかし、受理拒否が行われる場合には、届出が要件を満たしているかどうかに争いがあるのである。届出人は届出が適法だと考えているが、しかし、当局は、書類不備だとか届出の要件を満たさないと考えているのである。たとえば、タクシーの無償運送は顧客の送迎等のみを念頭におくものであり、一般的に大量の顧客の無償運送を届出制で認めることは予定されていないとして、その届出を却下する（上記のＭＫタクシーの例）とか、当局が法律上予定されていない周辺住民の同意書を要求するとか、図面の作成について法律上は明記されていないが、当局が測量を要求し届出人がこれを不要と主張する場合、受理概念がないと、その届出が法律の基準を満たしたかどうかを判断するところがない。そこで、届出をしたが、受理されないので、そのまま行動した場合に、後の刑事事件で処理することになるが、それでは処罰のリスクを当事者に負わせるのでかえって権利救済を悪化させる。

ここで、届出の定義をみると、「行政庁に対し一定の事項の通知をする行為（申請に該当するものを除く。）であって、法令により直接に当該通知が義務付けられているもの（自己の期待する一定の法律上の効果を発生させるためには当該通知をすべきこととされているものを含む。）をいう。」（二条七項）。この通知には単なる事実行為のほか、届出により不作為義務が解除され、適法に行動できるようになるものがある。むしろ、それが問題を生ずる普通の例である。これについては、届出書が法令の要件を満たしたかどうかの判断が必要である。そうすると、ここではそれは実質的には許可と同じ行政判断が行われているのである。

しかし、届出制である以上は、許可制とは違う。そこで、届出が適法でも届出が受理されるまでは届出に関する行為を適法に行うことができないという結果を生じさせてはならない。届出と申請に対する処分をきちんと分離した行政手続法のしくみにはこの意味で疑問がある。したがって、届出が適法かどうかを確認する訴訟を用意すべきである。受理概念を廃止するなら、その代わりに、書面が十分で、届出が実体要件を充足することの確認を求める訴訟を適法とする必要がある。ちょうど行政事件訴訟法四条の改正で活用が期待される確認訴訟を活用すべきことになる。

さらに、受理を拒否されればまだいいが、届出を放置され、いざとなれば、届出は無効であるとして処罰されるのでは困る。この点でも、届出が実体要件を満たすかどうかについて適時の審査義務を導入し、同様に、届出が適法であることの確認を求める制度が必要になる。

他方、許可制度において、申請に対して、不許可にするのではなく、書類不備で書類を返戻する場合には、本来不許可にすべきであり、返戻も不許可と理解すればよい（岡山地判平成一一年七月二三日判例自治一六五号七四頁）。この判例のもとでは、返戻の取消訴訟を提起できる。あるいは、返戻の段階では不許可がなされていないので、不作為の違法確認訴訟を提起できる（仙台地判平成一〇年一月二七日判時一六七六号四三頁）。いずれかといっても、いずれの理論構成も可能なので、その一方だけと解すべきではない。

他方、自動車の登録申請が登録事項に該当しないとして受理が拒否されたときは、登録という行政庁側の行動が必要なので、申請人が受理されたものとして行動することはできない。したがって、本来は登録請求の義務付け訴訟を適法視すべき事案であって、この不受理処分は取消訴訟の対象になる（名古屋地裁平成一三年一〇月二九日判タ一〇七四号二九四頁）。

◆閲覧と謄写

行政書士は、役所で文書を閲覧してくることが多い。そのさい、正確にかつ迅速に内容を知るためには謄写が必要である。しかし、役所では、閲覧はさせるが、謄写はさせないという制度が多い。行政手続法一八条では、許認可が取り消される場合には事前に聴聞手続が取られ、文書閲覧請求権があるが、謄写請求権はないので、文書がたくさんある場合、メモしきれない。デジカメでの撮影さえ、禁止されることがある。その結果、不正確なメモに基づく防御をするしかない。情報公開請求では、一般に誰にでも見せられる文書しか出てこない。個人情報保護法の本人情報開示請求でも果たしてどこまで出て来るか、分からない。しかも、差し迫っている聴聞の日までには間に合わない。これは不合理である。

裁判記録は、公開であり、謄写もできる。ただし、謄写は当事者と利害関係人に限るとされている（民訴法九一条、刑訴法五三条、四〇条、四六条）が、文書閲覧請求権は当事者のものだから立法論としては同じ扱いにすべきである。

なお、東京で国選弁護士をした筆者の経験では、刑事の記録を見ることができるのは当然であるが、謄写は、自分ではできず、東京地検一五階の謄写室に頼む。その日にはできない。しかも、郵送してくれない。指定された日以降に取りに行くことになっている。不便この上ない。

神戸地裁の民事では、その場で申し込み、謄写室へ行ってコピーしてもらえる。しかし、調書のようなものは当日という訳にはいかないので、しばらくたってコピーを取りに行くか郵送を依頼するしかない。それは一枚五〇円もする。

もともと、謄写を認めないという行政手続法のしくみは、役所のコピー機は、役所の業務のためにおいてあるのであって、個人のためにコピーサービスするためではないし、サービスのためにコピー機を設置する場所も費用もないという理由によると思われる。

たしかに、何でもコピーしてくれと言うなら、情報公開制度を利用すべきである。しかし、許認可を取り消すという重大な手続においては、防御権を保障する観点から、記録のコピーを認めるのは裁量とは言っても、行政上の事務に差し支えなければ認めなければならないと解釈すべきであり、そのように交渉すべきである。現に行政手続法施行に際しての総務次官通知（平成六年九月一三日総管第二一一号「行政手続法の施行に当たって」）は、「資料の保存状態やその閲覧に係る申出者の便宜又は設備の設置状況を参酌しつつ、行政庁の裁量により適切に対処すること」としている（『逐条解説　行政手続法平成一八年改訂版』三七七頁）。普通は、謄写を拒否できる合理的な理由は見当たらないから謄写拒否は違法である。まして、デジカメでの撮影には何らの支障もないはずで、それさえ拒否するのは、権利行使を妨害しようとする意図があるとしか思えない。

行政書士はこのような解釈を踏まえて交渉すべきである。

さらに、このような解釈が確立するように、行政書士会として要望したらどうか。

第七節　在留特別許可の基準

一　在留特別許可制度

出入国関係には行政手続法の適用はないが、同じような考え方をすることができるので、ここで述べる。退去強制事由に該当しても、例外的に本邦に在留することを許可する制度がある。

出入国管理及び難民認定法（抄）

（法務大臣の裁決の特例）

第五〇条　法務大臣は、前条第三項の裁決に当たって、異議の申出が理由がないと認める場合でも、当該容疑者が次の各号のいずれかに該当するときは、その者の在留を特別に許可することができる。

一　永住許可を受けているとき。

二　かつて日本国民として本邦に本籍を有したことがあるとき。

三　人身取引等により他人の支配下に置かれて本邦に在留するものであるとき。
四　その他法務大臣が特別に在留を許可すべき事情があると認めるとき。

この「在留特別許可は、法務大臣等が恩恵的処置として例外的に付与する許可であるから、在留特別許可を付与するかどうかは、法の目的とする出入国管理及び在留の規制の適正円滑な遂行というその制度目的実現の観点から、当該外国人の在留中の一切の行状、特別に在留を求める理由等の個人的な事情ばかりではなく、国内の政治・経済・社会等の諸般の事情及び国際情勢、外交関係等の諸般の事情を総合的に考慮して行われなければならないものであって、その要件の判断は、法務大臣等の広範な裁量を前提としている」（東京高裁平成二一年三月五日判決（平成二〇（行コ）一四六　最高裁ホームページ））。

二　在留特別許可に係るガイドライン

従前在留特別許可の基準は公表されず、実務感覚で相場を想定していたが、法務省が次のように公表した。
http://www.moj.go.jp/content/000007321.pdf
平成一八年一〇月、平成二一年七月改訂、法務省入国管理局

第1　在留特別許可に係る基本的な考え方及び許否判断に係る考慮事項在留特別許可の許否の判断に当たっては、個々の事案ごとに、在留を希望する理由、家族状況、素行、内外の諸情勢、人道的な配慮の必要性、更には我が国における不法滞在者に与える影響等、諸般の事情を総合的に勘案して行うこととしており、その際、考慮する事項は次のとおりである。

1　積極要素

積極要素については、入管法第五〇条第一項第一号から第三号（注参照）に掲げる事由のほか、次のとおりとする。

(1)　特に考慮する積極要素

①　当該外国人が、日本人の子又は特別永住者の子であること

②　当該外国人が、日本人又は特別永住者との間に出生した実子（嫡出子又は父から認知を受けた非嫡出子）を扶養している場合であって、次のいずれにも該当すること

ア　当該実子が未成年かつ未婚であること

イ　当該外国人が当該実子の親権を現に有していること

ウ　当該外国人が当該実子を現に本邦において相当期間同居の上、監護及び養育していること

③　当該外国人が、日本人又は特別永住者と婚姻が法的に成立している場合（退去強制を免れるために、婚姻を仮装し、又は形式的な婚姻届を提出した場合を除く。）であって、次のいずれにも該当すること

ア　夫婦として相当期間共同生活をし、相互に協力して扶助していること

イ　夫婦の間に子がいるなど、婚姻が安定かつ成熟していること

④　当該外国人が、本邦の初等・中等教育機関（母国語による教育を行っている教育機関を除く。）に在学し相当期間本邦に在住している実子と同居し、当該実子を監護及び養育していること

⑤　当該外国人が、難病等により本邦での治療を必要としていること、又はこのような治療を要する親族を看護することが必要と認められる者であること

(2)　その他の積極要素

① 当該外国人が、不法滞在者であることを申告するため、自ら地方入国管理官署に出頭したこと
② 当該外国人が、別表第二に掲げる在留資格（注参照）で在留している者と婚姻が法的に成立している場合であって、前記(1)の③のア及びイに該当すること
③ 当該外国人が、別表第二に掲げる在留資格で在留している実子（嫡出子又は父から認知を受けた非嫡出子）を扶養している場合であって、前記(1)の②のアないしウのいずれにも該当すること
④ 当該外国人が、別表第二に掲げる在留資格で在留している者の扶養を受けている未成年・未婚の実子であること
⑤ 当該外国人が、本邦での滞在期間が長期間に及び、本邦への定着性が認められること
⑥ その他人道的配慮を必要とするなど特別な事情があること

2　消極要素

消極要素については、次のとおりである。

(1)　特に考慮する消極要素

① 重大犯罪等により刑に処せられたことがあること

〈例〉

・凶悪・重大犯罪により実刑に処せられたことがあること
違法薬物及びけん銃等、いわゆる社会悪物品の密輸入・売買により刑に処せられたことがあること

② 出入国管理行政の根幹にかかわる違反又は反社会性の高い違反をしていること

〈例〉

不法就労助長罪、集団密航に係る罪、旅券等の不正受交付等の罪などにより刑に処せられたことがあること

不法・偽装滞在の助長に関する罪により刑に処せられたことがあること

自ら売春を行い、あるいは他人に売春を行わせる等、本邦の社会秩序を著しく乱す行為を行ったことがあること

人身取引等、人権を著しく侵害する行為を行ったことがあること

(2)　その他の消極要素

① 船舶による密航、若しくは偽造旅券等又は在留資格を偽装して不正に入国したこと

② 過去に退去強制手続を受けたことがあること

③ その他の刑罰法令違反又はこれに準ずる素行不良が認められること

④ その他在留状況に問題があること

〈例〉

・犯罪組織の構成員であること

第2　在留特別許可の許否判断

在留特別許可の許否判断は、上記の積極要素及び消極要素として掲げている各事項について、それぞれ個別に評価し、考慮すべき程度を勘案した上、積極要素として考慮すべき事情が明らかに消極要素として考慮すべき事情を上回る場合には、在留特別許可の方向で検討することとなる。したがって、単に、積極要素が一つ存在するからといって在留特別許可の方向で検討されるというものではなく、また、逆に、消

極要素が一つ存在するから一切在留特別許可が検討されないというものでもない。

主な例は次のとおり。

(1)　「在留特別許可方向」で検討する例

①　当該外国人が、日本人又は特別永住者の子で、他の法令違反がないなど在留の状況に特段の問題がないと認められること

②　当該外国人が、日本人又は特別永住者と婚姻し、他の法令違反がないなど在留の状況に特段の問題がないと認められること

③　当該外国人が、本邦に長期間在住していて、退去強制事由に該当する旨を地方入国管理官署に自ら申告し、かつ、他の法令違反がないなど在留の状況に特段の問題がないと認められること

④　当該外国人が、本邦で出生し一〇年以上にわたって本邦に在住している小中学校に在学している実子を同居した上で監護及び養育していて、不法残留である旨を地方入国管理官署に自ら申告し、かつ当該外国人親子が他の法令違反がないなどの在留の状況に特段の問題がないと認められること

(2)　「退去方向」で検討する例

①　当該外国人が、本邦で二〇年以上在住し定着性が認められるものの、不法就労助長罪、集団密航に係る罪、旅券等の不正受交付等の罪等で刑に処せられるなど、出入国管理行政の根幹にかかわる違反又は反社会性の高い違反をしていること

②　当該外国人が、日本人と婚姻しているものの、他人に売春を行わせる等、本邦の社会秩序を著しく乱す行為を行っていること

別表第二

在留資格本邦において有する身分又は地位永住者法務大臣が永住を認める者
日本人の配偶者等日本人の配偶者若しくは民法（明治二十九年法律第八十九号）第八百十七条の二の規定による特別養子又は日本人の子として出生した者
永住者の配偶者等
永住者の在留資格をもって在留する者若しくは特別永住者（以下「永住者等」と総称する。）の配偶者又は永住者等の子として本邦で出生しその後引き続き本邦に在留している者
定住者法務大臣が特別な理由を考慮し一定の在留期間を指定して居住を認める者

三　問題点

だいたい想定されていたとおりであり、新味もなく、入管当局の広い裁量が減少したとも思えない。積極要素は厳しすぎて、グレー部分が広すぎる。難民認定申請者はどうなるのか。不法滞在者のどこまでが救済されるのか。出頭したらかえって捕まって強制送還されてしまうのではないか。

ここで、「当該外国人が、本邦で出生し一〇年以上にわたって本邦に在住している小中学校に在学している実子を同居した上で監護及び養育していて、不法残留である旨を地方入国管理官署に自ら申告し、かつ当該外国人親子が他の法令違反がないなどの在留の状況に特段の問題がないと認められること」について積極的に考えるのは当然として、では、本邦に七年滞在していたらどうか、実子が高校に通学していたらどうか。他の法令違反といっても、駐車違反ならどうか。違反と言っても無罪を主張している場合はどうか。自ら出頭すれば

この適用があるとして出頭したら、やはり子どもがすでに高校生であるからだめと言うような場合には、不法残留者をおびき出すだけではないか。

日弁連は、これについて要旨次の通り批判している（http://www.nichibenren.or.jp/activity/document/opinion/year/2010/101117_4.html）。

1　提言の目的

しかし、政府の解釈では、在留特別許可は法務大臣が自由裁量に基づいて行う恩恵的な措置であり、ガイドラインも当該許可に係る「基準」ではない、と説明している。そこで、学校に通う子どもやその家族に関する事案等を中心に制度の実体面のあり方、手続面のあり方について、人権保障の観点から提言する。

2　在留特別許可と国際人権条約

在留特別許可の判断にあたっては、国際人権（自由権）規約や子どもの権利条約などの国際人権条約の趣旨にしたがうべきことから、次の点を法律または規則等で明確にするべきである。

(1)　非正規滞在者に対する退去強制令書の発付は、当該非正規滞在者が受ける不利益の程度と、退去強制によって達成される利益を比較衡量して、合理性を欠く場合は許されないこと。

(2)　特に、当該非正規滞在者またはその家族の構成員が子どもである場合は、家族の分離禁止の原則が適用されるから、在留資格なく日本に滞在する者の退去強制による出入国管理秩序の維持という利益のみでは退去強制を行わないことを原則とすること。

3　在留特別許可における適正手続保障

在留特別許可の判断に際しては、前項の国際人権基準の趣旨に沿って適用するものとし、在留特別許可を求める者への適正手続保障を行うべきである。

4　在留特別許可における審査機関の設置

在留特別許可の許否にあたっては、第三者機関を設置して、適正・迅速な在留特別許可の運用が可能となるような仕組みを設けることが検討されるべきである

四　裁判での運用

ただ、これが極秘の行政内部基準ではなく、公的見解として公表されたことは重要である。裁判の武器にもなる。

(1)　在留特別許可例：名古屋地裁平成二二年一二月九日判決（平成二一(行ウ)一九　最高裁ホームページ）

「不法入国後約一五年間日本で生活したペルー人夫婦及び日本で出生したその子供（裁決時点で小学二年生）に対し、在留特別許可を付与しなかった地方入国管理局長の裁決が、裁量権の範囲を逸脱し又はこれを濫用したものとして違法であるとされた事例」である。

「ガイドラインは、その性質上、法務大臣等の上記裁量権を一義的に拘束するものではないが、上記ガイドラインの積極要素及び消極要素として記載されている事項は、在留特別許可を付与しなかった法務大臣等の判断の司法審査においても検討の要点となるものである」。

「名古屋入管は、原告父母の不正行為が明らかになって、平成一〇年一月一九日に本件各不許可処分をした後、平成一八年一〇月二〇日に原告ら家族の本件出頭があるまで八年九か月の長期間にわたって、原告父母が本邦に在留することを黙認していたのであり、その在留期間中に原告長女が出生し、本件各裁決時点では小学二年生になっていたことを考えると、原告父母が行った上記の違法行為を消極要素として過度に重視し、その違法行為を理由に直ちに原告らが本邦で在留する道を閉ざすことは相当でないというべきである」。

原告らの事情を総合考慮すると、「原告らに対し在留特別許可を付与しないとした裁決行政庁の判断は、その裁量権が広範なものであることを考慮したとしても、社会通念に照らし著しく妥当性を欠くことは明らかである」。

(2) 在留特別不許可例：東京高裁平成二一年三月五日判決（平成二〇(行コ)一四六　最高裁ホームページ）

「被控訴人の上記のような生活関係は、昭和六三年六月一〇日の在留期限を超えて不法に日本に残留したことによる、一八年間を超える長期の不法残留という違法行為によって築かれたものであり、そのこと自体が退去強制事由（法二四条四号ロ）に該当し、被控訴人が在留期間経過後も不法に就労していた行為は、外国人の就労活動が制限されているわが国の在留資格制度（法七条一項二号、一九条一項等）を乱す行為であって、その違法性は顕著である。しかも、その間、被控訴人は、平成一一年初めころ、勤務先が入国管理当局に摘発された際には、不法残留であることを隠すため、日本人と婚姻して在留資格を持っている友人の経歴を自分の経歴のように話して入国管理当局を欺いて摘発を免れ、平成一八年八月下旬に捕まった際にも他人になりすまして警察官を欺いて罪を免れていたものであって、全ての人の本邦における出入国の公正な管理を図るという入国管理行政の適正な執行を著しく阻害したもので、違法性の程度は重にしてかつ大である」。

「被控訴人は、外国人登録法三条一項に定められた新規登録申請義務違反の罪を犯していたものであり、これは、本邦に在留する外国人の登録を実施することによって外国人の居住関係及び身分関係を明確ならしめ、もって在留外国人の公正な管理に資することを目的とする外国人登録法の目的を達成するために、上陸後90日以内に新規登録をすることを義務付けた刑罰法規に違反するもので、この点も、被控訴人に対し在留特別許可を付与するかどうかの判断において、斟酌されることも当然のことである」。

「東京入管局長は、判断時までに現れた上記の諸般の事情を考慮した上で、被控訴人に対し在留特別許可を付与しないとの判断をしたものであり、このような判断に至る経緯、判断当時判明していた事実関係等に照らして、東京入管局長がした上記判断が、事実的基礎を欠くものであるか又は社会通念上著しく妥当性を欠くものであるとは認められない」。

第八節　『役所とけんかする方法教えます』

一　たまには役所とけんかを

『役所とけんかする方法教えます』（著者、徳久芳郎、東洋経済新報社、一九九五年）という面白い書物を読んだ。行政書士は役所に各種の許認可・届出等の書類を提出し、できるだけすみやかに希望通りに認めてもらうということを仕事とする。その弱い立場に乗じて、役所の方が法律の定めをこえる要求をしたり、曖昧な解釈で混乱させたり、解釈をくるくる変えたり、あるいは法律とはおよそ関係ないことを行政指導と称して要求したりする。行政指導も建前は国民のためであるが、実は自分の組織のため、自分ため、役所の組織の局益（曲益）、さらには役人としての自分の将来の利益のためというのも少なくない。そこで、行政書士も、たまには役所と喧嘩しても正しいことを貫くことが必要な場合がある。普通はそんなことをやると、どこかでいじめられるだろうというわけであるが、この本によると、まず、「役所との喧嘩嘘ほんと」とあって、1．『役所と喧嘩して勝った先例はない』については、それは嘘だ、少なくとも筆者は勝ったという。2．『勝っても別のところで損させられる』に対しては嘘、そんなに役人はせこくない。3．『社長が勲章を貰えなくなる』に対しては嘘、そんな度胸のある役人はいない。4．『税務調査をほのめかす』に対しては嘘、そうするには役人の偏差値は高すぎるというのである。

二　筋を通せば

この本の目次を見ると、役所と喧嘩する前に考えようというので、喧嘩してよい場合と悪い場合、喧嘩できる場合、できない場合、不退転の決意ができるかどうかと、いろいろ書いてあって、「喧嘩する方法教えます」という章では、味方の理論武装、敵の理論武装というところから始まるが、「独禁法と行政手続法の使い方教えます」とある。そして、法律を研究することも必要だとして、石油業法の行政指導を諸悪の根源として研究している。さらには、「役所を倒す決め技教えます」とあって、役所との格闘技あれこれとある。

詳しくは、この書物を読んでいただきたいが、行政書士もきちんと法律を使い、筋を通して役所にきちんと説明していけば、無茶苦茶な指導には従わなくてもよい。また、そのようにしなければ、役所の言う通り、縦割行政の中で利権を受けている職種だという一部の見方をはねのけることは非常に難しい。面白い本なので、一読をお勧めし、行政書士のあり方について考えていただきたい。

第九節　『弁護士のいない島から』

一　業務独占を廃止せよ、役所のやり方を正す

瀬下満義著『弁護士のいない島から』（鳥影社、二〇〇二年）は、副題である「闘う士業、新しい法律資格者をめざして」を自ら実践し、広く社会に訴える書物である。基本的な論旨は、種子島という弁護士のいない島で、行政書士と社会保険労務士と土地家屋調査士の資格を持つが、しかし、司法書士、弁護士の資格を持たない者が、弁護士の業務に近いことや司法書士の業務である登記をする必要があるため、弁護士や司法書士の業

務独占は誤っている、行政書士は自らの業務独占を放棄する代わりに、他の業種、弁護士や司法書士の領域に進出せよという。また、他方では、役所の仕事のやり方に対して、強力に異議申立てをして、役所と常に闘って役所のやり方の誤りを正す。役所の言う通り、ただおとなしい羊のようになっている多くの行政書士に対して、役所の目を覚ますように頑張れと主張している。

二　費用対効果が欠けている制度

内容を見ると、実務上の相当細かいことで、法律の不備で行政が適切な対応をしない、費用ばかりかかる、負担ばかりかかる、ということが種々示されている。最初に、土地の調査で、土地の地図と現地が合わないという場合、登記簿上土地の特定が困難であった。どうも原因は、県が農道用地を買収する際に分筆の錯誤をおかしているということであったが、これは登記技術上、分筆の錯誤よりも地積更正分筆登記の方がよいと判断して、現地測量を実施して申請書を作成して、法務局に提出したが、法務局は処理しない。そこで、上級庁に文句を言うとやっと動き出したが、原因は登記官が表示登記に疎いため仕事を先延ばしにしたことによるらしいという。

三　隣地の地主の承諾と登記官の圧力

次に、地積更正登記の場合、隣接地主の印鑑証明書付きの承諾書を添付するのが慣例である。承諾書は法定の添付書類ではないが、境界紛争を未然に防止するのが目的であろう。ところが、隣接地主のうちに、境界立ち会いを拒否し承諾書も出してくれない人が出る。それから、土地を測量して、地積測量図を作成する。これをまともにやると、一〇万円ほどの土地を分筆するのに、三〇万円もかかってしまう。これでは一体誰のためかわからない。簡単な測量のやり方をもっと採用すべきだというのが、この土地家屋調査士の主張である。

現在はパソコンによる測量図作成が主流になっているかもしれないが、この瀬下さんは分度器や定規を用いて作図しているということである。このやり方で作図するとどうしても誤差が出る。しかし、こんな田舎ではこんな誤差は問題にすべきではない。この表示登記というのは、本来登記官が職権でなすべきものであるが、実際にはそうなっていないので、登記官は何もわからない。隣接地主の同意書がない、承諾書がないと、登記官は仕事をしてくれないが、著者は現地調査をせよ、それで境界を確認すればよいではないかと言い返して、がんばった。それから、登記官の方が意地悪で、巻き尺で距離を測定して、地積測量図と照合したら大分誤差があった。それは当たり前で、五〇〇分の一の図上で読みとった数値をそのまま書き込んだから、実測図と誤差が生ずる。これで、登記官の方は申請を取り下げろと強硬な態度に出たが、こちらも断固拒否したという。それから、登記官はこの代理人を変えろと本人に圧力をかけた。測点間の距離を訂正しろとも言う。瀬下氏は、問題がない、問題があるなら申請を却下せよと、こういうふうにがんばった。ところが、登記官は本人に、申請の取下げを求めたので、本人が折れてしまった。これは、行政手続のルールをはみ出す。

そこで、地積更正における隣接地主の承諾書は不要である。印鑑証明書の添付等、もってのほかである。承諾書は法定の添付書面ではなく、また法的にも無効である。承諾書に押印する人の立場に立ってみると、現地の筆界と図面とが一致しているかどうか、ほとんどの人がわからないはずである。法務局の官尊民卑の思想はもう古すぎるとある。根拠のない行政指導の弊害のひとつである。

四　林地開発許可

それから次に、種子島の森林を開発して岩石を採取するという林地開発許可申請を行うことになったが、まず、その現地の測量が必要である。ここの山は、測量しようにも手も足も出ない険しい山林である。そういうところは、瀬下氏によれば、正確な測量は要らない、目測で十分であるということで、目測で図面を作成し、申請書は簡単に記入して提出した。利害関係者である漁業協同組合には、同意書をお願いしたが、出してもらえなかった。ところが、申請書を受け付ける鹿児島県庁の工業振興課の方では、漁業協同組合の同意書がないので、受け取りにくいという態度である。ここでも役所と相当大喧嘩して、最終的には許可を取ったという話である。

そして、ここでのポイントは、現場は正確な測量が不可能なので、概略の図面でよいということである。役所に何と言われようと、役人の気に入るような申請書類を出さないで、頑張る。ダメなら却下せよと迫ると、役所の方はなかなか却下処分する元気がない。訴訟の相手もする元気がない。

今までそれで通ってきたのは、役所は絶対で、住民は役人のいう通りにするものと思い込んでいるためである。本件でも、結局は、本人が役所に負けて、瀬下氏は代理人から外されちゃったということである。そこで、瀬下氏は役所相手に国家賠償訴訟を提起した。国家賠償訴訟を起こすと、役人の方もびっくり仰天、降りてくるということである。それから、この役人は行政手続法等をおよそ知らない。

五　自動車の抹消登録の例

次に自動車の抹消登録についても、郵送では書類は送れない、出頭主義とされているという。根拠は自動車登録令一〇条、二一条一項三号である。不動産登記は権利の登記は出頭主義だが、表示登記はそうではなく、車の抹消登録は所有者が一方的に行うもので、表示登記に近いのではないか。また、たかが自動車登録のためになぜわざわざ出ていかなければいけないのか。しかも、役所が遠いところで大変不便なので、郵送したところ、その書類を受け取ってくれないので、不受理の取消訴訟を提起して、裁判所でもがんばった。しかし、結局、裁判所は単純に、役人の言う通りに出頭主義であるとして、原告の訴えを排斥した。しかし、なぜ出頭主義なのかという合理的な根拠は何ら示されていない。その裁判もわざわざ鹿児島、宮崎まで行って、ほんの数分、次回の打ち合わせだけ、ばかばかしいことをやっている。電話会議システムを使うという話でもあったが、とにかく最初から電話会議でやればよいはずだ。それで、また軽自動車手続について、国家賠償訴訟を提起して闘うということもやっている。

六　登記の業務独占を廃止せよ

登記の申請は、本来専門家が行うべき難しい手続ではない。役人と役人天下り資格者がよってたかって難しくして、業務独占規定を設けて他を排除したから、一般住民には手の届かない手続になってしまったのだ。申請書作成は、㈱テイハンから出版されている「不動産登記書式精義」の上、中、下三巻を参考にすれば誰でも簡単にできる。登記等を独占する合理的な理由はわからない。表示登記申請手続を土地家屋調査士の独占業務とすべき合理的理由もない。行政書士は建物の抹消登記や地目変更登記及び合筆登記の申請を手がけたらどうか。これらは、猿がやっても問題ない手続である。登記官がおかしいと思えば、現地調査して職権で適正に登記すれば済むことだとある。土地家屋調査士は表示登記申請業務独占の利権にかまけて、境界問題の専門家になろうとしなかったのである。

調査士が表示登記業務を独占する合理的理由を見いだすのは困難である。現に、法務局では現地案内用の地元採用職員を雇っており、専用車も所有している。特に地目の変更や建物の抹消登記等は、専門的知識は全く不要である。中学生でも難なくできるのであるという。

七　業務独占を一般的に廃止せよ

行政書士が司法書士の業務に進出するために、月に一件ぐらいずつやって、もし告発されたらそこで断固闘ってみて、司法書士の業務独占が憲法違反だと主張していって、仕事を広げるべきではないかということがこの本の基調にある。行政書士会では、業務独占の維持を主張する意見が多いが、むしろ自ら業務独占を放棄して、他の業務にも門戸開放を迫るのが筋だという。とにかく業務独占が、業界をダメにした。行政書士、土地家屋調査士、司法書士相互の垣根は撤廃する方が顧客の利便に寄与するのである。この縦割りが利用者、お客の利便をいかに害しているかで、たとえば、土地の問題ひとつをとっても、農地関係は行政書士、地目は土地家屋調査士、権利の登記は司法書士、税金は税理士、訴訟になれば弁護士と、無理に資格を分割している。ほとんどの法務局の窓口には、登記申請書用紙をおいていない。国民への奉仕を旨とする役所とはとても思えない。資格者だけを相手にしていてはダメだ。典型的な書式については、用紙を備え、住民の利便に寄与すべきである。役所として当たり前のことが法務局では行われていない。役人と業務独占資格者が結託して、登記制度を食い物にしているのである。行政書士の場合、どうせ独占は事実上死んでいるから、業務独占を廃止しても失うものはない。落としどころは、行政書士、税理士、司法書士、弁理士、社会保険労務士、土地家屋調査士、海事代理士間の垣根の撤廃であるという。この問題は第二章第三節でも述べた。

八　資格の細分化の弊害

資格の細分化の弊害についてはこの瀬下書の二五二頁が詳しい。他人の農地を購入して、家を新築する場合を例とすると、農地法、国土利用計画法、都市計画法、建築基準法、不動産登記法、民法、税法、その他数え上げればきりがない法令が関わってくる。まず、土地登記簿を閲覧して、登記名義人や地目等を調べる。所有権登記名義人が死亡している場合は、相続登記が必要になり、相続人全員の協力が得られないときは所有権移転登記手続請求訴訟等を提起して、現在の所有者に名義人を変更しなければならない。また、畑の一部を購入するのであれば、土地の分筆登記をしなければならない。このとき土地が道路に面していれば、市町村等への境界確認の申請が必要となる。農業委員会へは農地法五条の許可申請が必要である。通常、建築確認の申請も必要であろう。居宅新築後は、建物の表示登記、保存登記、地目変更登記、さらに金融機関からの借入れがあれば抵当権の設定登記と、手続が続いていく。土地建物には税金が付き物だから、不動産の譲渡所得税、不動産取得税、登録免許税等が関係してくる。新築住宅の保存登記では、市町村役場から住宅用家屋証明書を交付してもらえば、登録免許税が軽減されるので、その交付申請もしたい。一体、この一連の手続にいくつの資格が関わるのだろうか。

このように、ひとつの事件には様々な手続が関係しているのが普通である。現在の細分化された資格制度は、現実の問題に対応できない。資格者は良質、低廉かつ効率的な法律事務を国民に提供しているのだろうか。細分化された資格制度は、その業務独占と相俟って、自ら資格者の社会的使命を抹殺している。

本書を通読すると、弁護士のいない島で顧客の利便に役立つために、自からの資格以外のあらゆる資格を活用し、あらゆる勉強をして、役人の横暴専制と闘う必要があるということで、大変面白い参考になる書物でもあり、社会への重要な問題提起書であった。

九 刑事事件

ところが、瀬下氏は、弁護士法違反、司法書士法違反に問われ、二カ月も人質拘留の目に遭い、執行猶予つきながら懲役一年の判決を受けた。日本の司法は、本当の社会正義を知らない。

◆刑事法を活用せよ――「パチンコ出店を妨害」と、新規業者が診療所を告訴――

風営法とその都道府県施行条例によれば、診療所から一定の距離にパチンコ店を開店することはできない。パチンコ店の新規出店を希望する業者が近隣に診療所がないことを確認して、土地を買収し、建築確認を得て、建築を完了して、風営法の営業許可を申請すると、不思議と近くに先に診療所ができている。そのため、新規パチンコ店は不許可になる。新規出店者にとって、これは予想外であり、不測の不利益を被る。そもそも、診療所のそばにパチンコ店があっても、どんな支障があるというのだろうか。入院患者に悪影響かというと、入院患者は病室から出て行かないから、影響はないはずで、通院患者ということであれば、通行人には病人がいるから、どこにもパチンコ店は作れなくなってしまう。したがって、そもそも、診療所の近隣にパチンコ店の出店を禁止するのは違憲である。

では、予想外になぜ診療所ができるのか。実はこの診療所には黒幕がいるのである。それは誰か。実は、既存のパチンコ店である。診療所はわざわざ既存パチンコ店の近くに進出して、新規のパチンコ店を妨害するのである。それは違法であり、パチンコ店の方を許可すべきであるが、そのほかに、偽計業務妨害罪（刑法二三三条）を活用すべきである。

逆に、お医者さんは、特別条件で誘致され儲かると思っても、新規のパチンコ店を妨害することになるのであるから、何かやばいくらいはわかっているだろう。実はこのように犯罪なのである。危ない橋は渡るべきではない（阿部泰隆『やわらか頭の法戦略』（第一法規、二〇〇六年）二三五頁以下）。

第四章　これからの業務拡大の留意点

第一節　行政手続、行政不服審査代理

一　行政手続における聴聞代理導入改正は意味不明で中途半端

紛争性があれば、法律「事件」であり、弁護士法七二条により、弁護士の独占業務と解釈されている。行政手続法の手続は、許認可等が取り消される前のいわば処分の原案段階の手続であるから、紛争性があるかどうかはグレーゾーンである。これまで、筆者は、弁護士法ではこれを禁止する明文の規定はないから、紛争の直前の段階と解されるべきではないかと主張してきた。そうとすれば、行政書士も聴聞手続を代理できることになる。つまり、行政書士は、行政手続法一六条が定める聴聞、弁明の手続を代理して、書類の作成だけではなく、口頭審理で依頼者の主張を整理して述べるほか、質問権を行使して（行政手続法二〇条）、依頼者に代わって処分庁とも丁々発止とやり合えることになる。

平成二〇年改正法一条の三第一号は、「許認可等（行政手続法第二条第三号に規定する許認可等及び当該書類の受理）に関して行われる聴聞又は弁明の機会の付与の手続その他の意見陳述のための手続において当該官公署に対してする行為」について、明文の規定で代理を認めた。

しかし、この規定はせっかく行政書士の職域を拡大しようとしたのに、曖昧で、できが悪い。

行政手続法上聴聞又は弁明の機会の供与が行われるのは許認可等（その拒否も含めて）ではなく、不利益処

分（許可の取消、停止、命令等）の場合であるから、「許認可等」というだけでは、何を考えている改正なのかが不明である。この条文から、許認可の取消し・停止等の場合と読めるであろうか。もっとも、『新　詳解行政書士法』五三頁はそう読むようである。

行政手続法上は受理という概念がなくなったはずなのに、ここでは、受理とされている。許認可等の申請を受理してもらうことであろうか。それとも、受理は許認可等にはかからないもので、単に書類の受理のことであろうか。しかし、単なる書類の受理については聴聞も弁明もないはずである。『新　詳解行政書士法』五三頁は、「当該書類の受理」を「形式的要件の審査に基づいて申請など許認可等を求める行為に対して行われる処分との意義であるが、『許認可等』に含まれることを明確にする趣旨から規定しているものであると解される」とする。兼子仁四二頁もこの受理は申請の書類形式審査のみで受理不受理の処分決定をする場合というが、筆者には意味不明である。

行政の関与には、届出＝受理、申請＝許認可という手法の他に、届出をして（あるいはしないで）、命令を受けるというシステムがあるが、これに関する聴聞、弁明の機会において行政書士に代理権が認められるのか。当然入れるべきであろうが、行政手続法第二条第三号に規定する許認可等には文理上は入っていない。「等」に入るかと思っても、それは許認可の他に、免許その他の自己に対し何らかの利益を付与する処分を言うものである。

しかも、ここでは、「弁護士法第七二条に規定する法律事件に関する法律事務に該当するものを除く。」との限定がなされた。他の「士」業の代理権にはない規定である。これでは、「法律事件に関する」、つまり、紛争性がある法律事務は、聴聞代理権の対象外となる。聴聞は自己の権利を主張する機会であるから、普通に言えば紛争性があるのに、代理権が認められるのは、争わない場合などとされる（第一六八回国会参議院総務委員会第一二号、平成一九年一二月二五日原口一博議員説明。『新　詳解行政書士法』五四頁、小野寺容資「行政書士業務に関する聴聞、弁明手続の代理を行政書士の業務として明確化」時の法令一八〇九号二八頁（二〇〇八年）も同旨）。

しかし、争わないなら、聴聞に出席する必要もないことで、無意味な改正である。むしろ、本人が争う意思があるのに、争わせない方へ誘導するインセンティブを行政書士に与える不適切さがある。そうではなく、聴聞手続においてみられる程度の紛争は、弁護士法違反ではないとの趣旨と解釈すべきである。この改正は、改正前の筆者の説よりも後退で、実質的にはない方がよい改正であった（三木常照「行政手続法・許認可に係る行政書士聴聞代理権」京都学園法学二〇〇八年一号一一七頁はかなりこれに近い）。

いずれにせよ、この改正は、意味不明で、中途半端であり、残念である。

ところで、行政と争うには、違法行政は一切許さないと対決する信念と勇気が必要であるとともに、実体法の合理的な解釈や事実認定できちんと争う能力が必要である。自治が認められている弁護士とは異なり、日頃都道府県知事の監督下にあり、行政とは争うというよりも、行政から求められた書類を作成することを中心としている行政書士としては一八〇度の転換である。それだけの切り替えができる行政書士は限られている。

また、行政書士の権限拡充論は、もともと行政法に詳しい法曹が少なかった時代には説得力を持ち得たが、新司法試験で年間二〇〇〇人もの法曹が行政法必修のもとで合格し、弁護士過剰のために、隣接分野に進出してくると想定されるので、説得力が弱くなってきた。行政書士としては、新司法試験合格者に太刀打ちできるだけの能力を養成するように、努力しなければならない。

実際、筆者が聴聞代理をした経験からすれば、事実認定と法解釈について当局を上回り、しかも、臨機応変に対応できなければならないので、通常は単なる書面の交換に終わる裁判よりも難しい手続である。

このようなことを考えると、行政書士に聴聞代理権が名実ともに認められても、それを行うのは、認定司法書士のように、行政実体法と行政訴訟に強い弁護士並の自信のある者に限る認定行政書士制度を作るべきである。それ以外は、そうした弁護士に事件を回す方が普段の行政書士業務は円滑に行えるであろう。

二　行政不服審査

行政書士は行政不服審査の書類を作成して、提出して、審理に臨めるのか。これは、行政手続とは異なって、弁護士法七二条の条文上明らかに弁護士の独占業務である。

しかし、もともと行政書士から別れた社会保険労務士は、すでに審査請求代理権を取得している（社会保険労務士法二条一号の三）。そのほか、弁理士、税理士、司法書士、土地家屋調査士は当然一定範囲で不服申立て代理権を有する（弁理士法四条、税理士法二条一項一号、司法書士法三条一項三号、土地家屋調査士法三条一項二号、四号）。行政書士だけが遅れているのである。

行政書士も、その扱っている許認可が取り消されたり、停止されたり、命令を受けた場合には、それまでの事情を知っているのであるし、行政不服審査の手続自体は簡易な手続であるから、紛争とはいえ、有能であれば代理をしても弊害はないはずである。

ただ、行政書士は前記のように行政と闘うことになれていないし、仕事の幅が広すぎ、実体法の解釈や事実認定にも慣れていない。不服審査代理を行える有能な者は限られているから、特別認定試験が必要になろう。そのレベルは新司法試験行政法合格水準くらいであろうか。

現在政府で行われている行政不服審査法改正のための「行政救済制度検討チームのとりまとめ」（二〇一一年一二月）では、行政書士の不服審査代理権については「今後ともさらに検討がなされるべきである」として問題先送りの段階である。日本行政書士連合会はこの立法化を強く求め、日弁連はこれに対して会長声明まで出す（二〇一二年八月）など、激しいバトルを演じている。

弁護士が激増した今日では、私見では、行政手続でも不服審査でも、行政法に詳しい弁護士と一緒に、補佐人として活躍する方が現実的であると思う。有能な行政書士であれば、弁護士から引っ張りだこになるかもしれない。

三　他の「士業」の訴訟代理権

1　税理士の補佐人から出廷陳述権へ

税理士は、従来、法廷では、裁判所の許可を得て補佐人として出廷する方法があったが、弁護士も税法がわかるはずだと、許可されない例もあった。司法改革の中で、税理士に裁判所の許可を要することなく、当然の権利としての出廷陳述権を認める税理士法改正が二〇〇一年に成立した（税理士法第二条の二）。

2　司法書士の簡裁民事訴訟代理権・交渉権

従前、簡易裁判所においては弁護士が代理することはきわめて少なく、実際上は司法書士が本人訴訟を陰で支援していることが多いといわれた。たとえば、訴状の作成は司法書士の業務であるが、それに関連して、証拠保全・収集、口頭弁論における陳述内容などをアドバイスしている。

簡易裁判所で弁護士が代理していない理由は、弁護士へのアクセスの方法が限られていること、費用を払えそうにないこと、自分で訴訟をしてみたいこと、弁護士との信頼関係が破壊されたことなどが考えられる。それにしても、司法書士の支援を受けても、訴訟自体は本人自身が追行しなければならないので、法廷で適切に主張立証できず、証人尋問も不十分になる。

弁護士が訴訟代理業務を独占している以上、国民の需要に応えるようなシステムを整備しなければ不正義である。このことが少額事件に関して非弁護士の法律事件処理を弁護士法違反とならないとする判例（札幌地判昭和四六年二月二三日判タ二六〇号一四五頁。ただし、高裁で破棄.第二章第二節二2）の理由でもある。したがって、弁護士がこの分野に進出するような基盤整備、特に法曹人口の増加、弁護士事務所の法人化による事務の効率化などが必要である。

これらをふまえて、二〇〇三年に、司法書士に簡裁における代理権を与える改正がなされた。ただし、一定の試験合格を要する。認定司法書士という。相談もできる（司法書士法三条一項六号、二項）。

行政書士も、出廷陳述権、三〇万円までの少額訴訟の代理権等を要求していたが、実績も必要性も弱いので、相手にされていない。私見では、そんなに戦線を拡大せず、せめて、社会保険労務士並みに審査請求代理権を獲得し、ＡＤＲの権限を拡大し、司法書士との間で、行政書士には業務を遂行する上で是非必要な範囲で簡易な登記業務を認めさせること（この点は第二章第三節参照）を次の課題とすべきではないだろうか。

四　社会保険労務士の斡旋と和解の権限について

社会保険労務士は、行政書士から別れた専門の法律事務代理士である。これは、二〇〇一年の社会保険労務士法改正により、個別労働関係紛争の解決の促進に関する法律の第六条第一項の紛争調整委員会における同法五条一項のあっせんについて、紛争の当事者を代理すること（以下「あっせん代理」という。）を業とすることができることになった（社会保険労務士法第二条第一項一の四、これは独占業務、同法二七条、三二条の二）。

この社会保険労務士の業務について、斡旋の申請、斡旋の代理はできるが、和解の代理はできない、という通達（平成一五年二月二〇日厚生労働省大臣官房地方課労働紛争処理業務室長発）が出た。

ところが、二〇〇五年社会保険労務士法の一部を改正する法律により、和解の権限が認められた。

(1)　社会保険労務士の業務に次の紛争解決手続の代理業務を加えることとした（第二条第一項関係）。

ハ　個別労働関係紛争（紛争の目的の価額が民事訴訟法第三六八条第一項に定める額（六〇万円）を超える場合には、弁護士が共同受任しているものに限る。）に関する民間紛争解決手続であって、厚生労働大臣が指定するものが行うもの

(2)　個別労働関係紛争の解決の促進に関する法律第六条第一項の紛争調整委員会における同法第五条第一項のあっせんの手続の代理及び(1)の業務（以下「紛争解決手続代理業務」という。）は、紛争解決手続代理業務試験に合格し、かつ、その旨の付記を受けた社会保険労務士に限り行うことができることとした（第二条第二項関係）。

(3)　紛争解決手続代理業務には、紛争解決手続について相談に応ずること、当該手続の開始から終了に至るまでの間に和解の交渉を行うこと及び当該手続により成立した和解における合意を内容とする契約を締結することが含まれることとした（第二条第三項関係）。

行政書士もこの方向を目指さなければならない。

第二節　依頼に応ずる「士」業の義務を廃止せよ

一　依頼に応ずる義務の規定

行政書士法一一条は「行政書士は、正当な事由がある場合でなければ、依頼を拒むことができない。」とし、同法施行規則八条は、「行政書士は、正当な事由がある場合において依頼を拒むときは、その事由を説明しな

ければならない。この場合において依頼人から請求があるときは、その事由を記載した文書を交付しなければならない。」として、行政書士の依頼に応ずる義務を規定している。これには処罰規定はないが、違反すれば、業務の禁止等の処分（同法一四条）、会則に基づく処分（兵庫県会則三八条）の対象とはなるかもしれない。

「正当な事由」とは行政書士自身の病気、事故、緊急案件で対応する時間がない場合、犯罪などにかかわる場合、法定外業務である場合などである（兼子仁『行政書士法』一〇〇頁）。

類似の制度は、医師法一九条、歯科医師法一九条、獣医師法一九条において、それぞれ「正当な事由がなければ、これを拒んではならない。」と規定されている。ただし、処罰規定はないが、懲戒処分や資格取消事由にはなるかもしれないし、急患が診療拒否のために適切な治療を受けられなかったときは、損害賠償問題に発展するかもしれない。

二　司法書士法、弁護士法との比較

しかし、法律関係の「士」業においては、そのような急患が来るわけではない。しかも、このような制度は必ずしも一般的ではない。たしかに、司法書士法二一条は、「司法書士は、正当な事由がある場合でなければ依頼（簡裁訴訟代理関係業務に関するものを除く。）を拒むことができない。」として、行政書士と同様に規制しており、土地家屋調査士法二二条、社会保険労務士法二〇条もほぼ同様の規定をおいている。

しかも、ここで、司法書士の場合、訴訟関係が除外されている。訴訟を専門とする弁護士の場合、弁護士法二九条は「弁護士は、事件の依頼を承諾しないときは、依頼者に、すみやかに、その旨を通知しなければならない。」としているのみである。弁理士法、税理士法にはこの種の規定は見あたらない。

訴訟ともなれば、事件の性質からしても、訴訟を提起すべきかどうかの判断も難しいし、弁護士なら何でもできるわけではないから、必ずしも引き受ける義務がないのは当然である。では、司法書士、行政書士、社会保険労務士については、誰の依頼でも何でも引き受けなければならないのはなぜだろうか。これらの「士」が依頼をえり好みすれば、誰にも依頼できない庶民が困ってしまうということであろうか。

しかし、これらの「士」は医師のように救急患者を対象とするわけではないし、みんなが談合でもしなければ、まともな相談であれば、誰も引き受けないことはありえない。どこに行っても、断られる顧客は、無理な依頼をしているというべきである（筆者の経験でも、弁護士をはしごして来た者の相談には無理なものが少なくない）。そして、「士」のサービスは、単に定型的に書式にそって書き写すようなものばかりではなく、むしろ、一種のコンサルティングであるから、交渉次第、内容次第、条件次第で、引き受けるかどうかを決めるのが筋である。さらに、報酬も、一九九九年の行政書士法改正により、画一的な規定が廃止され、市場原理によるわけであるから、値段が決まらないまま引き受ける義務だけが課されるというのも不合理である。

三　廃止の提案

このように考えると、この依頼に応ずる義務の規定は、弁護士並みに廃止すべきである。また、この義務に違反したとして、懲戒等が申し立てられても、この義務自体が不合理であるから、懲戒事由とすべきではないと考える。

第三節　行政不服申立て、行政訴訟の留意点

一　行訴法の改正

1　改正の要点

行政書士は、目下行政不服申立も行政訴訟も代理できないので、関係ないと思われるかもしれないが、許認可などが取り消されたときは、まず弁護士のところに行く前に、これまでの行政書士に相談に行く顧客が少なくない。その際に誤った指導をすると、救済されない重大事になる。行政訴訟は、これまで障害物競走のようなもので、躓く者が多い。二〇〇五年の行政事件訴訟法の改正によりだいぶましになったが、まだまだ障害物があるので、間違った指導をしないように留意すべきである。

主観的出訴期間は六カ月に延長された。不服審査（異議申立て・審査請求）は処分を知ってから六〇日以内との行政不服審査法一四条の期間は目下従前通りであるが、あわせて延長されるべきである。

出訴期間、不服申立て前置は教示され（行政事件訴訟法四六条）、被告は行政庁ではなく、国か地方公共団体（同一一条）等とされるので、めったに間違わない。執行停止の要件も「回復の困難な損害」から、「重大な損害」に緩和された（同二五条）。訴訟を起こしやすくなるし、執行停止も取りやすい。適切な助言が望まれる。

2　一日違いの失権を救済

出訴期間は、行訴法一四条一項の場合には通常の立法例（民法一四〇条）にそった初日不算入の原則が採られているのに、従来は、審査請求を経た場合だけ、当時の同条四項において、知った日から起算すると定められていたので、出訴期間は初日を算入するとするのが判例であった（最判昭和五二年二月一七日民集三一巻一号

五〇頁）。しかし、審査請求を経た場合だけ一日早く確定させる必要はないので、そのような規定は一般には予想外の障害物である。筆者はこれをさんざん批判してきたが、このたびの行訴法改正で、これも初日不算入になった（改正法一四条三項）。

3　出訴期間は本当に必要か

出訴期間の遵守は訴えの変更とか不服申立て前置との関係でも問題になるので、この期間が延長されたからといって、すべて救済されるわけではない。出訴期間徒過後の訴えの変更や、不服申立て前置を経由しなかった者の救済特例も必要である。

しかし、原点に戻って、本当に出訴期間が必要なのかを検討すべきであった。

出訴期間は、「行政目的を可及的すみやかに達成する必要性」と「権利、利益を侵害された者の法律上の救済を図ることの必要性」という二つの要請のバランスを勘案しておかれているもので、法的安定性が根拠とされるが、第三者に影響のない場合には、行政側の安定性、行政事務の効率的処理の必要性は、国民の権利救済の阻害というコストを払ってまで達成すべき価値であるか、疑問である。行政側にとって、処分を六〇日や三カ月で安定させなければならない強い理由はどこにもない。

たとえば、税金の賦課は五年間遡ることができるのであるから、課税処分の誤りについて納税者の方が同様に遡って争えることとしても、特に問題はない。しかも、国税通則法の改正（二三条）により更正の請求が五年間できることとなったので、五年間課税処分を安定させる必要がないことが明らかになった。もっとも、課税処分がいつまでも不安定だと、滞納処分に進めないので困るという意見がある。しかし、課税処分に不可争力を生じなくても、督促、差押えをすることにより財産の散逸を防止できる（国税徴収法四七条、国税通則法三七条、四〇条）。そして、執行された後で、訴えが起きて課税処分が違法となっても、金銭を返還するだけでは、たいした手間ではない。ただ、執行させてから返還せよ等と手間暇かけないでくれというだけのことであるから、その手間賃を徴収すればよいのである。まして、不許可処分とか公務員の免職処分が三年後に争われても、行政側にとって困ることはない。出訴期間内に出訴があっても、どうせ判決時には数年は経っているが、その判決が執行されるとき、行政の安定性が害されるというほどではないのである。

ただ、ある者への許認可等、受益処分を第三者が争う場合には、受益者の保護のために、出訴期間をおく必要はある。その立法技術としては、処分を受けた者以外の者（第三者）が出訴する場合には、出訴期間をおくという解決を行えばよい。もっとも、第三者に出訴期間を教示することは難しいので、できるだけ処分を公示すべきであろう。

遺憾ながら、出訴期間不要という私見は相手にされなかった。

4　違法と気がつかない期間徒過を「正当な理由」で救済

こうした私見を韓国で紹介して、出訴期間・審査請求期間があると失権するほど日本国民はバカなのかとバカにされたという話があるが、年金裁定を受けた場合、審査請求期間は六〇日である（国家公務員共済組合法一〇三条）。私はこの前年金の裁定を貰った。しかし、すぐ争わず、数年後に間違っていたと気がつくことがある。なぜか、年金の裁定には計算根拠が示されていないから、どこかで期間の算定、給料の算定が間違っているかもしれないのにすぐ気がつかない。何年か後に友達と比べて異常に安いと気がついて調べると、途中の期間が算入されていないことがありうる。

たとえば、尼崎市が年金徴収ミス、未納扱いで支給減額という報道がある（神戸新聞二〇〇三年一二月五日）。尼崎市内の女性（六七歳）が実際は納付した一九七三年度の国民年金保険料を誤って「未納」と処理され、二年半以上にわたって本来の年金を下回る給付を受けていたことが明らかになった。女性は当時の領収書を保管しており、徴収業務を行った同市等はミスを認め謝罪。国は年金額算定の基準となる納付月数を訂正し、不足分を追加支給する。

同市国保年金課等によると、女性はほぼ同期間納めていた知人と比べて受給額が少ないのを不審に思い、尼崎社会保険事務所に照会。同事務所が台帳を調べたところ、一九七三年四月―七四年三月分の保険料が未納になっていた。

二〇〇一年度末まで国の委任を受けて徴収業務を行った同市の台帳でも同じ期間が未納になっていたが、女性が保管していた領収書が〃決め手〃に。本来は年額十八万七千五百円のはずの年金が十六万四千百円と算定され、女性への給付は一昨年二月分からの三二カ月間で約六万三千円不足していた。

同課は「二重三重に照合、チェックをしているはずで、考えられないミス」と釈明。同様のミスの可能性について、「納付済通知書（領収書控え）は三年で廃棄され、追跡調査は難しい」とした上で「社会保険事務所とも協議し、市民への広報等対応を考えたい」としている。

思うに、処分を知っても、その違法性に気がつかないと、争う契機がない。後で気がついたときに職権で変更してもらえればよいが、それは行政の任意である。処分の違法性に気がつかないことに正当な理由があれば、気がつくまで争えるとすべきである。「正当な理由」による例外は、客観的な出訴期間にはあるが、主観的な出訴期間にはおかれてないことが不適切である。

これを救済するよりも、行政の安定性が大事だ、小生が五年後に年金を一〇万円追加せよと訴えたら、不安定になるというほど、日本の行政はやわではないはずである。バカな外国法に囚われずに自分で考えることが大切である。

私はこうした論争をしてきたが、今回の改正では、六カ月の出訴期間を遵守できない「正当な理由」があれば、救済されることとなった（行訴法一四条一項ただし書き）。年金の例はこれで対応できよう。

二　それでもなお残る行政訴訟の障害物

1　『くたばれ、行政裁判』に見る「行政訴訟はムダ」

先に述べたように、行政書士法改正で、許認可申請の代理権が行政書士に与えられた。しかし、行政書士会連合会は、もっと進んで、訴訟での出廷陳述権、不服申立ての代理権も要求していたが、実現しなかった。

これは残念と考えるか、かえってよかったと考えるか。

『くたばれ、行政裁判』（同時代社、一九九六年）を読んだ。これは住宅地の隣に突然、住民に断りもなくゴルフ場開発のためブルドーザーの騒音が発生したということから始まり、住民が協力してゴルフ場開発阻止のため、法的な闘争をしたという話である。

住民は弁護士に相談に行ったが、関係法令があるから調べてみたらと助言する程度で、関係法令を教えてもくれず、三〇分五、〇〇〇円取られたということで、おそらくは弁護士不信に陥ったのか、弁護士に頼まないで、一生懸命勉強して、すべて本人訴訟で行った。

まず、開発許可であるから県の開発審査会に不服申立てをすべきところであるが、市役所をめぐったり、県知事を相手に不服申立てをしたり、果ては期間が過ぎてしまったり、訴訟をやってみたら今度はすでに開発が済んだので、今更どうにもならないと、訴える意味がない（訴えの利益がない）とか、そもそも住民という第三者には行政処分を争う原告適格がないとか、あれやこれやといわれて、結局反対運動は失敗したという話である。ことほど左様に、行政に対する不服申立てをしようと、裁判しようと思うと、無数の障害物があるのである。まさに、「行政訴訟はムダ」ということである。

2　障害物競走

この書物に出てくるいわば素人だけではなく、専門家であるはずの弁護士も行政訴訟ではよく間違える。極めて初歩的なことであるが、行政訴訟には出訴期間という短い期間制限があることに気づかずに、もはや取消訴訟を提起できなくなってしまうことがある。特に第三者になされた行政処分を争う際には、あれこれしているうちに三カ月（現在六カ月）経ってしまう。取消訴訟を提起する前に不服申立てをすべき場合と、する必要がない場合があるが、前者にうっかり気づかずに、不服申立てをしないで出訴して、門前払いになる。

以前は、権限が大臣から地方局長、市長から区長等に委任されているときも、そんな法令には誰も気づかず、法律に書いてある通り、大臣、市長を被告として、出訴して、被告の誤りを指摘されて、あわてて被告を変更するが、そのときはすでに出訴期間が過ぎ、代理人たるもの、専門家のはずだから、この誤りは重大な過失だとして、変更申請が却下される（行訴法一五条一項）ことが少なくなかった。気の毒なのは、こんな弁護士に頼んだ依頼者である。弁護士なら誰でも何でもできると思って依頼しているのだろうが、専門外では、素人以下の先生もたくさんいる。最初に行政訴訟に詳しい弁護士に行けば、こんな「ムダ」で苦労する必要はなかったのである。弁護士の情報が十分に公開されていない点が問題であるが、よく考えると、われわれは、重病にかかれば、その辺のお医者さんではなく、専門医を探す。命はひとつしかないから、日本一の専門の先生を探すだろう。法律の場合も同じはずなのである。

なお、二〇〇五年行訴法改正により、被告適格は行政庁から行政主体に代わったので、上記のような問題は回避されるようになった。

3　弁護過誤

行政訴訟を代理するにはこのような複雑な行政法規を十分理解して、ミスをしないようにしなければならない。仕事を引き受けてミスをすれば、それは専門家の責任として、逆に賠償責任を負わなければならない。弁護過誤である。少々の報酬を貰ったところで、失敗したときに巨額の賠償をするということになれば、むしろ事件を引き受けなかった方がよいということになる。

そこで、行政書士がこのような方向まで業務を拡大したいというのであれば、特に力を付けた人だけがやることとし、そうでない人は力のある人に事件を回すというようなしくみを考えることが必要である。また、それもあまり現実的でないと思われるので、むしろ、行政訴訟が得意な弁護士に集中して依頼して、自らはそれに協力をするような組織作りを考えるのが妥当であろうと思われる。

三　実例：運転免許の取消をどう争うか

1　免許取消の手続―意見の聴取

相談を受けた運転免許の取消事件を紹介する。タクシーの運転手が、駐車中の車両に衝突したが、中に誰もいないと判断して、そのまま逃げたところ、結局は露見して捕まった。車自体は、バンパーが壊れた程度なので、軽微な物損であるが、しかし、中に人が寝ていて、一週間の怪我を負ったという。そこで、これは轢き逃げである（道交法七二条）として、免許を取り消された。しかし、本人は、中に人がいるとは思っていなかったという。

こんな事件があるとき、普通の人は誰に相談に行くのか。弁護士を訪ねても、実は行政法規に詳しい弁護士は少ないので、叩く窓口を間違えると、まともなことは教えてくれない。行政書士なら、弁護士よりも敷居が高くないことになっているから、相談に来る人が多いかもしれない。しかし、間違えば弁護過誤として賠償責任が発生する。

まずは、免許の取消の前に意見の聴取の通知がある。

道路交通法第百四条「公安委員会は、第百三条第一項第五号（道交法違反による場合）の規定により免許を取り消し、又は免許の効力を九十日以上停止しようとするとき、公開による意見の聴取を行わなければならない。この場合において、公安委員会は、意見の聴取の期日の一週間前までに、当該処分に係る者に対し、処分をしようとする理由並びに意見の聴取の期日及び場所を通知し、かつ、意見の聴取の期日及び場所を公示しなければならない。」

「意見の聴取に際しては、当該処分に係る者又はその代理人は、当該事案について意見を述べ、かつ、有利な証拠を提出することができる。意見の聴取を行う場合において、必要があると認めるときは、公安委員会は、道路交通に関する事項に関し専門的知識を有する参考人又は当該事案の関係人の出頭を求め、これらの者からその意見又は事情を聴くことができる。」

この段階で、相談に応ずることができれば、間違った処分を防げる。しかし、現実には、たくさんの人が長蛇の列で、ベルトコンベアーのように処理されているらしい。公開の意見の聴取とは名ばかりである。これでは権利は画餅に帰す。日頃から顧客には何かあれば相談してといっておけば役に立つ。そして、お客と一緒に行って、上記の権利を主張すれば、警察も多少は丁寧に扱ってくれるはずである。もちろん、取り消されないように十分反論の用意をしていくことである。

2　不服申立て

次に、それにもかかわらず免許が取り消されたら、不服申立てをする。公安委員会相手の異議申立てであるが、その提出先、期間は教示されている（行政不服審査法五七条）。その際には書面を出すだけで終わってはならない。口頭での意見陳述を要求すべきである（行政不服審査法二五条一項ただし書き）。行政書士は弁護士法違反にならない程度に助言すべきである。

3　行政訴訟は弁護過誤の危険

しかし、異議申立ては口頭陳述をしても、のれんに腕押しが普通であるので、やはり異議申立てが棄却され、免許取消処分が維持されるであろう。そうすると、どうするか。訴訟を提起することになると、弁護士の仕事で、行政書士の仕事ではなくなるので、行政書士は依頼者のためには有能な弁護士を推薦すべきであろう。あるいは、本人訴訟のために報酬を得ないで助言することとなるかもしれないが、しかし、行政訴訟は障害物競走のようなもので、うっかりすると間違えて、かえって弁護過誤として賠償請求されることになりかねない。

いつまでに誰を被告にどの処分を対象に争うべきか。これには不服申立てとは異なって、これまでは教示がなかった。出訴期間は処分を知ってから六カ月である（行訴法一四条一項）。以前は前記のように初日算入であったが、今は、審査請求（異議申立てを含む。行訴法三条三項）を経た場合の出訴期間は、初日不算入の原則に従って、異議申立棄却決定の通知があった日を入れないで最終日までに出訴する。

被告は警察署長か、県警本部長か、県公安委員会委員長か

今は当該都道府県である。ただ、右代表者〇〇都道府県知事、処分庁　公安委員会と表示する。

争うべき処分は、もとの処分か公安委員会から来た異議申立棄却決定か。原則は元の免許取消処分を対象とし、不服審査の手続に違法があるというような場合だけ、異議申立棄却決定である（行訴法一〇条二項、いわゆる原処分主義）。

行訴法改正によりだいぶわかりやすくなったが、なお、不明確な点がある。行政書士にも行政訴訟ができるようにせよという主張があるが、こうしたことが多忙な業務の中で間違いなく判断できなければ、むしろ弁護過誤で、墓穴を掘るだけである。知人の弁護士を紹介するとしても（ただし、非弁護士との提携禁止＝弁護士法

二七条に違反しないように）、本来ならその弁護士にこの種の試験をした後で紹介すべきである。さもないと、紹介者の責任が発生しかねない。

◆期間算定の落とし穴

休日は？

期間の末日が土曜日・日曜日、祝日（国民の祝日に関する法律による）、年末年始（一二月二九～三一、一月二、三日）に当たるときはその翌日に満了する（民訴法九五条三項、行訴法七条）。また、適法な不服申立中、出訴期間は進行しない（行訴法一四条四項）。しかし、途中の祝祭日は数えるので、一二月二五日とか四月二八日に通知があった場合、裁判所も役所も休み中に調べて、休みが終わった日に即日書類を提出しなければならない。

◆六カ月と九〇日の違い

出訴期間の六カ月は九〇日とは違う。六カ月というときは、暦で計算する（民法一四三条一項）から、途中、二月が二八日しかなくても閏年でも同じになるが、六〇日の審査請求期間は日を数えていくので、二カ月とは異なり、閏年では違ってくる。六〇日、三〇日をそれぞれ、二カ月、一カ月と思い込むと、間に合わないことが起きるので、注意が肝要である。法律によって月をもって計算する場合と日をもって計算する場合が混在しているのは、国民に対するわかりやすさの点で問題である。

◆到達主義と発信主義

こうして送った訴状・不服申立書はいつまでに到達しなければならないか。原則は到達主義である（民法九七条一項）であるが、行政不服審査法一四条四項、国税通則法二二条では発信主義が採られている。土地収用法における申請書、意見書、異議申出書（同法一一八条四項）の場合には発信主義が採られているが、それは不服申立てや訴訟には適用されていない（同法一三五条一項）。かえってわかりにくくなっている。しかし、公務員法にはこの規定がない（国家公務員法九〇条三項、九〇条の二、地方公務員法四九条の二、四九条の三）ので、原則に戻って到達主義になる。注意が必要である。

4　執行停止

さて、訴訟になればどうするか。取消判決が出るまでは長年かかる。その間例えば個人タクシー業が廃業では食っていけない。そして、執行停止を求めることになる。これは処分の違法性を証明しなくても、違法でないと見えるときに当たらなければ、公共の福祉に重大な影響を及ぼすおそれがあるときに当たらず、重大な損害を避けるため緊急の必要があれば認められる（行訴法二五条）。二〇〇五年改正で、回復の困難な損害から重大な損害と緩和された。

さらに、この事件では、刑事事件では、単なる物損扱いで、轢き逃げは立件されていなかった。そこで、弁護士としては、刑事事件の記録を取り寄せて、それと免許取消処分との矛盾を追及すべきである。そして、車の中で人が負傷していると思わなければ、逃げても轢き逃げの故意犯ではない。そして、道交法七二条は故意犯違反だけを処罰するから、逃げたことは重大ミスではあるが、同条違反にはならず、免許取消事由にならない。実際、このように主張したら、大阪地裁はこの免許取消処分の執行停止を行った。

この辺になると、行政書士の職域を離れるが、行政書士が職務を行うときも、将来紛争になる場合にどうすればよいかを考えながら行うならば、依頼者に感謝されることになる。

5　聴聞を経たら異議申立てせずに直ちに出訴を

これは道交法に違反して免許を取り消される前に、意見の聴取が行われる（道交法一〇四条）案件である。これに対しては公安委員会に異議申立てができる。他方、無免許の他人に車を貸した場合には重大な唆しとして、聴聞が行われる（同法一〇四条の二）。そして、聴聞を経た案件については、異議申立てができない（行政手続法二七条二項）ので、異議申立て却下決定を経てから出訴するのは遅すぎる（行訴法一四条四項）。免許取消しから三カ月（現在六カ月）以内に出訴しないと、却下されてしまう（神戸地判平成一六年二月三日、平成一五行ウ二一、運転免許取消処分取消請求事件）。意見の聴取は実態は聴聞に似ているが別の制度となっているのである。わかりにくいが、注意を要する。

第五章　規制緩和、弁護士増員の狭間の行政書士

第一節　規制緩和の外圧

もともと、行政書士業務のメインである許認可業務は行政規制の産物である。規制が複雑で不透明だからこそ、許認可の書類作成業務は商売になっていた。たとえば、農地転用（第三章第一節）は前記のように行政の裁量が広いので、当該事務を長年やっていないとわからない密林のようなものである。建設業法はややこしいので、仕事は残る。税理士も同様であろう。

しかし、今、社会の活性化のため、民でできることは民にやらせよう、として、行政規制を減らし、仕事を官から民へと移行させる規制緩和プログラムが多方面で進行中である。護送船団行政をやめ、競争を導入する、事前規制を減らして、事後規制に移行させるので、行政の裁量が減る。たとえば、交通関係では、需給調整条項がなくなった（もっとも、タクシーではまた復活した）。銀行の店舗規制も許可制から届出制へと変わり、許認可の数が減った。更新期間が延長されている。書類の簡素化も進んでいる。そこで、行政は少しは透明になる（不透明ガラスくらいか）。

こうして規制緩和が進むと、専門性の薄い業務はお客がつかなくなり、法的にも業務独占から外される可能性がある。行政書士の業務は大幅に侵食されるのである。もっとも、実は規制緩和が行政書士の仕事を増やしたこともある。道路運送法は従前貨物運送に需給調整条項をおき、区域を定めていたが、これを撤廃した。そこで、新規参入が増え、運送事業に関する業務の幅が広がった。

地方分権が進むと、市町村毎にルールが異なり、複雑になるので、専門家でないとわからない。電子申請の時代になった。誰でも申請できるともいえるし、逆に、電子認証をとって、ノウハウを蓄積した方が顧客を確保できるともいえる。

第二節　財団法人への申請事務委任による行政書士事務の浸食対策

一　官製市場の民間開放

いわゆる規制緩和による官製市場の民間開放の一環として、申請等の受理業務が、官公署から官庁の外郭団体である財団法人等へ移行しつつある。その結果、これらの財団法人への申請は、官公署への申請ではないのではないか、そうすると、行政書士の主たる業務である官公署への書類の提出が、行政書士の独占業務でなくなり、官庁の外郭団体等がその申請業務まで囲い込むことが可能になる。もしそうであるとすれば、行政書士の業務が著しく圧迫されることになり、行政書士業界にとっては大変な脅威である。

規制緩和そのものはわが国の活性化のために望ましいものであるが、官庁の外郭団体が行政書士を外して、自らの利権として各種の届出、申請等の行政手続を囲い込むのであれば、国民の利便の増進には寄与しない。そこで、これについて、行政書士の独占業務を侵害するかどうかを法解釈論的に検討する必要がある。

二　官公署とは？

まず、第一に、これらの業務を任された財団法人等が官公署に当たるかどうかという問題がある。冒頭一四頁以下で述べたところであるが、行政書士法のしくみでは、官公署に提出する書類である限り、すべて行政書士の業務の対象である。つまり、官公署に提出する書類であれば、権利義務又は事実証明に関する書類ではなくても行政書士の業務の範囲になるのに対し、官公署でないところに提出する書類なら、行政書士の独占に属するのは、権利義務又は事実証明に関する書類に限定されることになっている。

逆にいえば、性質上は官公署には当たらなくても、公権力の行使の主体としての性格を強く持つ機関に対する申請は官公署への申請と捉えるべきである。指定法人の類は、形式上は民間法人であっても、公権力的な業務を特別に委任されている行政事務代行型であれば（塩野宏『行政法Ⅲ［第三版］』（有斐閣、二〇〇六年）一〇二頁）、それはその限りで官公署とみなされるべきである。

たとえば、建築確認の審査業務の民間開放が行われたが、建築確認の民間審査機関、すなわち、指定確認検査機関（建築基準法七七条の一八以下）は、行政事務代行型指定法人として、行政機関扱いであり、その建築確認に不満であれば行政訴訟で争う（同法九四条）ということになっている。小型船舶の登録申請は小型船舶の登録等に関する法律二一条に基づき日本小型船舶検査機構が受け付ける（これは処分扱いである。三〇条）。軽自動車の届出については道路運送車両法七四条の三に基づき軽自動車検査協会が受け付けるということになっているが、これも同様に公権力を任されたものと考えられる。これに対する届出は官公署への届出と同じであり、行政書士の独占業務というべきものであろう。

これまで、財団法人日本品質保証機構はＩＳＯ九〇〇〇や一四〇〇一に代表される品質や環境マネジメントシステムの審査登録業務のパイオニアとして各種の審査登録を行っているが、特に工業標準化法二六条以下に基づく指定認定機関であり、また、計量法一三五条の指定校正機関、消費生活用製品安全法一六条に基づく認定検査機関、電気用品安全法二九条に基づく認定検査機関等として、各種の審査を行っている。これもまた同様に行政事務代行型指定法人であり、これへの申請は官公署への申請と考えるべきであった。

しかし、その後法改正があり、消費生活用製品安全法一六条に基づく機関は登録検査機関となった。登録検査機関の判断（適合性検査の結果）に異議のある場合は、主務大臣に対し、国内登録検査機関が適合性検査を行うこと又は改めて適合性検査を行うことを命ずべきことを申請することができる（同法九二条）とされている。これは一種の審査請求的なものであるが、それ自体は行政処分とは構成されていない。むしろ、行政処分ではないとするために、このような条文作りを行ったものである。独立行政法人製品評価技術基盤機構の判断だけが処分とされている（九〇条の二）。電気用品安全法二九条に基づく登録検査機関も、消費生活用品安全法と同様な仕組みであるので、同機関は官公署ではない。

三　権利義務、事実証明に関する文書

次に、この官公署に当たらない機関に対する申請等についても、これが権利義務又は事実証明に関する書類であれば、やはり行政書士の独占業務となる。行政書士や弁護士の資格のないものがこのような仕事を報酬を得て業として行うことは許されないということになる。たとえば、建設業情報管理センターに経営状況分析申請をするとか、日本建設情報総合センターに公共工事の実績を登録するという業務を代行することは、事実証明に関するものとならないかという問題がある。

経営情報分析申請の場合には、それ自体では建設業者の施工能力を明らかにするものではないが、建設業者の施工能力の証明に関するものではある。事実証明に関する書類とは刑法一五九条一項に記載されている文言と同じである。判例では、被告人らが、私立大学の入学選抜試験に際し、同大学の各学部に入学を希望する者に合格点を取らせるため、いわゆる替え玉受験者に同試験を受験させてその答案を偽造、行使したという事案

において、本件入学選抜試験の答案は、それが採点されて、その結果が志願者の学力を示す資料となり、これを基に合否の判定が行なわれ、合格の判定を受けた志願者が入学を許可されるのであるから、志願者の学力の証明に関するものであって「社会生活に交渉を有する事項」を証明する文書に当たると解するのが相当であるとして、入学試験の答案も刑法一五九条にいう「事実証明に関する文書」であるとしている（最決平成六年一一月二九日刑集四八巻七号四五三頁）。自動車登録事項等証明書（東京高判平成二年二月二〇日高刑四三巻一号一一頁）も同じである。そうすると、経営情報分析申請書も公共工事の実績の登録も事実証明に関する文書と考えることができる可能性が高い。

ソフトウェア情報センターが行うプログラム著作権の登録申請の受付（プログラムの著作物に係る登録の特例に関する法律五条）は、それ自体が行政の権限代行型であるから、官公署として捉えられるのではないか、また、著作権の登録が対抗要件であるところから（著作権法七七条）、プログラム著作権に関する申請は、権利義務に関するものとして捉えられる可能性も高い。いずれもう少し本格的な調査が必要であろうが、行政書士は規制緩和の流れの中にあって、このような法制度をきちんと分析して、対応することが必要になっている。

それでも、行政書士の独占業務から外れるのが出てくるだろう。

第三節　弁護士も多方面へ進出

弁護士増員計画が進む。司法試験合格者は、以前は年間五〇〇人、最近は二〇〇〇人台になった。法科大学院が二〇〇四年に創設され、二〇〇六年から新司法試験が実施された。法科大学院に行かなくても良い予備試験も二〇一〇年に始まった。

七〇近くの大学が法科大学院を設置するので、優秀な法曹が増える。それは訴訟実務だけでは余るので、社会の各方面に進出するはずであった。しかし、思うようにいかず、弁護士が余っている。そこで、これまで、行政書士、司法書士、税理士、社会保険労務士、土地家屋調査士が縦割りでやっていた業務にも、弁護士が進出する。許認可から、契約、税金、登記、訴訟まで一貫して行うわけである。彼らは法律科目七科目も学んでおり、しかも行政法は必修である。税法を選択する者も少なくない。契約書、遺言書の作成等、行政書士の権利義務業務は風前の灯火であるし、許認可の代理業務も心配である。

これまで弁護士以外の「士」業が法律上の紛争をある程度処理していた弁護士ゼロワン地域（弁護士が一人かゼロの地域）にも弁護士が進出するので、田舎も安泰ではない。

第四節　役所も親切に

しかも、今日では役所も親切になったので、専門家でなくても許認可の申請ができるものが増えた。たとえば、登記は、これまでは申請用紙からして面倒だし、登記所も素人の申請をうるさがっていたので、司法書士の商売も流行っていた。一種の官民談合であった。登記所の職員が将来司法書士として仕事を取るために書式を面倒にして、不親切にしていたといわれても、弁解できないものであった。しかし、最近は登記所も親切になったので、登記等、実は誰でもできるものがたくさんある。

筆者の友人が亡くなり、夫婦共有名義にしていた土地の登記を奥さんの単独所有として相続登記することになった。市街化調整区域の価格もつかない土地なのに、司法書士に相談したら、謝礼だけで五万円といわれたので、私は自分で登記したらと教えてあげた。彼女は自分で登記所に行ったら、親切にしてもらって、簡単にできた。こんな商売を独占しているのが間違いである。

税務署も結構親切である。役所に対する普通の申請は、行政書士に頼らなくてもできるものが多い。

第五節　誰にも負けない専門家に

このように、行政書士業は、片や弁護士の進出、他方では、規制緩和とお役所の親切で依頼が減少するのではないか。ではどうしたらよいか。

まず、専門性の薄いものは、業務独占の特権を護持して勝つのではなく、ノウハウで勝つしかない。自分でするよりも、頼んだ方が効率的だし、他の「士」に依頼するよりも先生に依頼する方がうまくいくと言われるような業務運営を行えば、お客にも行政書士にも利益になる。専門化、大量処理、ノウハウが大切である。要するに、特定の分野で多数の案件を効率よく、かつ間違いなく処理する規模の経済を活用することである。建設業関係業務がその典型であろう。今、行政書士で儲かっている人のかなりはこの種のものであろうと推測する。

次に、特定の分野において高度の専門家になることである。弁護士でも実はどの領域でも専門家であるわけではないから、それに負けない専門家になることである。

弁護士は特殊な問題については、事件が起きてから考える。しかし、事件になってから弁護士を訪ねるのでは遅い。車に轢かれてから病院に行くようなものである。行政書士は予防法学を担当すべきである。気軽に相談できるようにして、専門化すれば勝てる。専門化しないと、迎え撃てない。専門コンサルタントになるべきである。入管や農地もその例であろう。

広告も、何でもやりますというのではなく、特定分野の専門家であることを誰にもわかるように表示すべきではなかろうか。自分はこうやってうまく処理したという宣伝を書いたらどうだろうか。ノウハウがばれない程度に。

役所との交渉でも、役人のいう通りにして早くやるだけではなく、役人の間違い、不当な指示があるとき、役人を丁寧に説得して、顧客の利益を守ることである。そのためには法的な研鑽も不可欠である。

さらに、今の資格をできるだけ多数持つことである。農地転用の許可を得て登記し宅地化して売ってという一連のプロセスで、行政書士、司法書士、税理士と別々に頼むか、一部は自分でやるというのが今のしくみであるが、一人でこれらの資格を持てば、顧客がつくわけである。

さらに、法科大学院に入学し、司法試験を受けるという方法がある。仮に司法試験に受からなくても、幅広く法律学を学ぶので、契約代理等に進出したとき間違いを犯す可能性は大幅に減る。聴聞について弁護士法七二条の制限を撤廃し、行政不服審査の代理権を取得した場合には大いに役立つ。

第六章　専門家の責任

第一節　専門資格の意味～試験は最低保障

行政書士、医師、弁護士等の資格はいわゆる業務独占資格である。その資格がなければ、その業務を行うことはできない。その資格があればその業務を行うことは許される。しかし、逆に、その資格があれば、その業務をすべて十分に遂行する能力があるのか。

そんなはずはない。試験は、国家として、その仕事をすることについて最低保証をしているにすぎず、すべての能力を審査できるわけはない。許容されるのと能力があるのとは別なのである。このことは、第二章第一節で詳説した。

ところが、これを勘違いしている者が少なくない。大腸ガンの手術で、内視鏡使用の訓練を受けていないヘボ医師が三人もよってたかって、結局は出血多量で人殺しをした慈恵医大事件（二〇〇二年）は未だ忘れられない。

第二節　専門家のごまかしとミス

一　弁護士のうっかり

弁護士は、法律に関する「士」業は何でもできることになっているが、実際にはそんなに何でもできるわけではない。実際に専門外の事件を引き受けて、時間がかかったり、間違ったりすることがある。医学の知識もないのに、医療過誤訴訟を引き受けて、カルテは医学部の学生に翻訳させ、その上で、医師に過誤の箇所を発見するように依頼し、自分ではその書類を右から左に裁判所に提出しているだけの例もおそらく少なくないだろう。医学を勉強して、自分でも納得して、口頭で説明できるようにならないと、裁判所を説得できないのである。

離婚の場合の財産分与では、全財産を渡して、これでさばさばと思ったら、譲渡所得税がかかる（最判昭和五〇年五月二七日民集二九巻五号六四一頁）。そこで、大変な債務者になってしまう悲劇が起きる。これを教えないと、コンサル過誤である。離婚するときは私に相談してくださいといいたいところである。

私は行政関連事件の相談を受けることが多いが、行政法を知らないのに、行政事件を引き受け、見当違いの訴訟をやっているのもよく見る。あまりに知りすぎているので、具体例を挙げるのははばかられるが、出訴期間を徒過したとか、行政事件では仮処分禁止（行訴法四四条）なのに、民事の仮処分を起こすとか、審査請求をして裁決を経てから争うとき、裁決を対象にするとか（これは原処分主義で、最初の処分を争う。行訴法一〇条二項）、まるで、耳鼻科も眼科も心臓外科もみな一緒というに等しいことがある。まして、行政実体法の解釈理論の間違いは枚挙にいとまがない。本来なら、医療過誤並みの弁護過誤の責任を問われるようなミスがある。しかし、弁護士のミスは、救急医療ほどはっきりしていないので、なかなかばれない。

二　公認会計士法改正

公認会計士が、アメリカのエンロン事件等にみるように、顧客のために粉飾決算をしたり、その違法行為を黙認したりということが起きることから、その独立性の確保のために、公認会計士法が改正され、二〇〇四年四月から施行された。内容は、監査の適切性を確保するためには、公認会計士及び監査法人の被監査企業からの独立性を強化する必要があるとの観点から、①　被監査会社等に対する監査証明業務とコンサルティング等一定の非監査証明業務の同時提供禁止、②監査の関与社員等の一定期間での交替制の導入等、③　監査法人等に対する監視・監督体制の強化等である。

三　不動産鑑定士の責任

不動産鑑定士にも同様のことがないのか。最高裁（三小）平成一四年九月一七日判決（判例自治二三七号四八頁、判時一八〇七号七二頁、判タ一一〇七号一八五頁）の事案では、仙台市が公園用に購入した土地代が一九九一年当時で一平方メートル当たり一七万円及び約一八万円であった。これは不動産鑑定士による鑑定評価を経て決定されたものであるが、一九九一年三月を基準とすると、①は正常価格の約三倍から四・七倍、②は約四・九倍であった。仙台市は、議会で質問され、一九九三年三月には、それまで依頼していた不動産鑑定士とは別の不動産鑑定士に依頼して、改めて取得予定地の鑑定評価をし、一九九二度において約一万平方メートルの土地を一平方メートル当たり四万七七四七円で購入したという。そして、この鑑定結果が適正な価格を著しく逸脱した不当な価格であったことを不動産鑑定士が自らも認めていた。

こんなことが起きる原因として、この判決は、用地国債の振替によって補助金の消費を急ぐあまり、現場の確認を怠り、不動産鑑定士との協議を強行に進めたことが窺える市の担当職員、鑑定価格の内示制度を利用して、買収価格に鑑定価格を合わせるような鑑定書の作成を許容してきた仙台市の慣行、鑑定価格及び買収価格について実質的な検討を行ってこなかった公有財産価格審査会をはじめとする決裁過程の形骸化にあり、また不動産鑑定士の紹介が買収先と懇意な者によってなされる等、買収価格の決定に至る経過にも問題があることは否定できないと指摘している。

京都の元市長が二六億円の賠償を命じられたいわゆるぽんぽん山訴訟では、ゴルフ場の開発を阻止しようとして、市が山林を鑑定書に基づいて業者から四七億円で買い取ったが、業者の購入価格は二〇億円であった。その鑑定書の内容は、事実誤認がたくさんあると批判された（京都地判平成一三年一月三一日判例自治二二六号九一頁、阿部泰隆「山林高額買い取り住民訴訟事件――ぽんぽん山訴訟事件（京都市）」判例自治二三五号二六頁）。なお、この事件は、高裁（大阪高判平成一五年二月六日判例自治二四七号三九頁）で京都市長に二六億円もの賠償が命じられ、市長の逝去後、遺族が八〇〇〇万円を払って解決した。

不動産鑑定士も、依頼がないと生活できないので、依頼者の要望に応じてしまうことによる。

四　アワセメント

環境影響評価業者も、事業者から依頼されるので、環境への影響は「軽微である」という報告をする。アセスメントではなく、「アワセメント」と批判されるゆえんである。

五　建築士の名義貸し

名義貸しはどの専門職種でも禁止されている。建築士が工事監理士の名義を貸し、実際には監理しなかったので、欠陥住宅を見逃した事件で、約五〇〇〇万円弱の賠償が命じられた（最判平成一五年一一月一四日判時一八四二号三八頁、宮坂昌利最高裁調査官解説・ジュリスト一二六四号一二二頁）。懲戒処分で免許取消しもある。なぜこんなインチキが出るかといえば、この建築士はその会社の仕事も引き受けることもあるので、厳重な監理をしないためらしい。これでは「泥棒に留守番を頼む」ようなものである。工事監理士は、自分はこの監理される会社とは何ら利害関係がなく、十分に監理できると、天下に公に誓ってから仕事を引き受けるべきである。さもないと、詐欺行為ではないかという疑問を持つ。なお、これは建築会社には一億円請求している事案で、工事監理士の責任はその一部にすぎないというので、この額に納まっている。

筆者は自宅を建てるとき、基礎打ちから、生コンをぶち込むところまで、現場監督をした。いい加減な工事をいくつか是正させたので、建売り住宅は怖くて買えない。

第三節　行政書士の専門性

一　行政書士もうっかり

行政書士の場合も、資格を取っても、得意な領域は限られるはずである。公務員経歴の場合には、得意な領域は普通にいえば狭いし、試験組では、試験合格くらいでは、実務には役立たない。

ところが、行政書士の業務範囲は広い。その仕事は、行政の許認可全般であるだけではなく、民事の契約全般であって、いわば無限である。しかも、その広告をみると、何でもできるように書いてあるのが多い。たしかに、できる仕事を限定すると顧客が逃げるかもしれない。そこで、まじめにやればできるはずだということで、何でも引き受ける「士」が多いようである。

その中には、事案の処理が下手で、時間がかかるとか、適切な対応ができないものもあるだろう。さらには、書類の提出期限を発信主義と誤解したが、到達主義だったとか、電子申請をしたが、間違ったアドレスに送った、パソコンで送ったのに時間がかかって、間に合わなかったといったことが起きる。行政書士賠償責任保険で補填できる範囲ならまだましだが。下手すると、顧客から懲戒請求されてしまい（行政書士法一四条の三、二〇〇三年新設）、対応に苦労する。

二　顧客の期待に応えて

何事も経験であり、練習ではあるが、実験台にされた顧客もかなわない。顧客から言えば、この分野で練達の士なのか初歩の段階なのか知りたいし、間違ったとき責任を負ってくれる行政書士に頼みたい。

こうした顧客の期待と、競争に打ち勝つには、何かあったら相談を持ちかけられる信頼関係を培い、親しみやすい法律家あるいはコンサルタントとしての地位を築くほかに、さらに進んで、専門をはっきりさせ、ノウハウを蓄積して、間違ったら責任を負うと宣言して、良質なサービスを行うことで顧客の信頼を確保することが必要であり、報酬も自由化されたことであるから、初心者と専門家の違いが報酬に反映するようにしていくべきであろう。

専門資格を取っても、人生、一生勉強だとつくづく思う。

三　簡単な例：遺言の落とし穴

1　要式性

遺言については、いわゆる要式性という厳格な要求があり、遺言は民法九六〇条以下に定める方式に従わなければ無効となっている。そして、遺言には民法九六七条で自筆証書、公正証書、又は秘密証書によってこれをしなければならないとして、三つの方式が示されている。

2　自筆証書遺言

自筆証書遺言は、遺言者が、その全文、日付及び氏名を自書し、これに印を押さなければならない（民法九六八条）。間違いやすいのは、最近、パソコン、ワープロの発達のために、遺言者が本文をパソコンで打って最後に氏名を自書するというものである。それは、この民法ルールに反し無効である。自署したから判は要らないと思っても、無効である。もっとも、欧米から帰化した人はサインだけでよいとか、拇印でもよいという判例はある。三月吉日等と書いても無効である。自筆証書遺言をする人に助言する際には、このことに特に留意しなければならない。

3　公正証書遺言

一番安全なのは、公正証書遺言であるが、公証人の費用は相当高い。それは、遺言の場合、その財産の目的の価格に応じて高くなっていき、五、〇〇〇万円を超え一億円以下の場合、五万四、〇〇〇円、一億円を超え三億円以下となると、超過額五、〇〇〇万円まで毎に、これに一万三、〇〇〇円加算ということで、どんどん増えていく。公証人の手数料は、政令（公証人手数料令）で決まっていて、「高尚」な仕事でもないのに、「公証」人と「交渉」できないのである。

4　秘密証書遺言

これを払いたくなければ、秘密証書遺言（民法九七〇条）となる。その費用は、一万一、〇〇〇円である。しかし、これはその内容を公証人が見るわけではないので、間違いやすい。秘密証書の遺言の方式は、遺言者がその証書に署名し、印を押し、その証書を封じ、証書に用いた印章を以てこれに封印するというほかに、公証人一人、及び証人二人以上の前に封書を提出して、自己の遺言書である旨並びにその筆者の氏名及び住所を申述することとなっている。そして、公証人が、その証書を提出した日附及び遺言者の申述を封紙に記載した後、遺言者及び証人とともにこれに署名し、印を押すとなっている。

5　遺言無効事例

最高裁平成一四年九月二四日第三小法廷判決（判時一八〇〇号三一頁、判タ一一〇七号一九二頁、遺言無効確認請求事件）では、遺言書の中で、日付の最後の一五日という部分、及び氏名については遺言者が自筆で記載したが、その他の遺言書の表題、本文、及び作成年月についてはワープロで印字され、しかもそれは遺言者―亡くなられた被相続人―自身ではなくて、財産を相続させる旨の遺言を受けた被相続人の妻の子の妻、つまりお嫁さんが、市販の遺言書から、書き方の文例を参照してワープロで作成したものであった。そして、これを公証人の前で提出したときに、この遺言者は自己の遺言書である旨述べたほか、自分がこれを筆記した旨述べて、遺言書の筆者として実際にワープロを打ったその息子の嫁さんの氏名及び住所を述べなかった。この事実関係のもとにおいては、本当に遺言の内容を筆記した筆者は、ワープロを操作して遺言書の表題及び本文を入力し印字した息子の嫁さんであると言うべきであるから、この遺言者は、公証人に対し、遺言書の筆者としての嫁さんの氏名及び住所を述べなかったことになり、この遺言は民法九七〇条一項三号所定の方式を欠き無効であるとされた。遺言の要式性をそのまま厳格に考えれば、このような判決になる。

6　専門家の助言を

しかし、なぜこのようなことが起きたのか。遺言をするときに、公証人の前で、どういう間違いが無効になるか、きちんと聞けば、嫁さんに書かせたことは嫁さんが書いたとちゃんと言うはずであり、公証人にきちんと聞かなかったというところに問題があるし、あるいはこのような遺言を書く人に対して、誰か助言する立場にある者は、このようなことを間違えないように、嫁さんが書けば嫁さんが書いたときちんと公証人の前で申述するというように助言すべきことである。遺言は本人が亡くなった後に問題になることであるから、特に事後に紛争が起きないように事前に十分に留意すべきことである。

四　経営事項の審査における不正防止

1　審査の厳格化

国土交通省総合政策局建設業課長が発した平成一三年四月二六日「経営事項審査事務の適切な運用について」（国総建第一一八号）は、経営事項審査における虚偽申請等の不正行為防止を図るようにと指示している。そして、近畿地方整備局建政部長からの「経営事項審査の取り扱いについて」という照会に対して、国土交通省総合政策局建設業課長から平成一三年六月七日に回答がなされている（国総建第一六一号）。これは、経営事項の審査のために必要な報告又は提出資料が不備であるためその申請内容の精査に時間を要し、その結果、経営事項の審査の結果通知日が通常予想される期日よりも遅れること、そして、申請者が「発注者と請負契約を締結する日の一年七月前の日の直後の営業年度終了の日以降に経営事項審査を受けていない状況（建設業法施行規則第一九条第一項）が生ずることがあるが、そうした事態が生ずることがあることは制度上想定されているところであるとする。なお、この場合においても、申請者が経営事項審査を受けていない期間ができるだけ短くなるよう、迅速な事務処理に努めるよう、留意されたい。」としている。

2　行政書士の対応

依頼者が不正の疑いをもたれる等して、書類の提出をやり直しているうちに、入札資格を失うことが生ずることのないように、行政書士としては、事前に十分注意して、書類を整備しなければならない。これに欠けるところがあると、行政書士は、依頼者との委任契約に基づく善管注意義務（民法六四四条）に反して、損害賠償責任を負わなければならないことも起きる。

ただ、提出すべき書類の範囲がどこまでかが不明確であれば、行政書士は十分だと思ったのに、不十分とされることもあるので、責任が行政書士だけにあるわけではない。しかし、いずれにせよプロであるからには十分な調査をするべきである。

第七章　行政書士と弁護士の住み分けと連携

一　行政書士の段階での配慮事項

行政書士と弁護士とは一般的には住み分けている。紛争前は行政書士、紛争があれば弁護士である（第二章第二節）。

行政書士が許認可を適時に適切に取得すれば、依頼者の期待に応えたことになるが、そうではなく、結局、もめて許認可を得られないとか、放っておかれたという場合、訴訟で勝つ必要がある。そのためには、訴訟で勝てるだけの用意をする必要がある。それは行政書士の段階なのである。

もめてから弁護士のところへ持っていっても、もともとの行政書士の段階で、勝てるだけの材料を作っておかなければ勝てない。たとえば、病気になってあちらこちらで治療を受けて、最後にどうしてもダメだから名医のところに行ったという場合、名医の方はもっと早くから自分のところに来てくれたら治せたのに、あれこれいじられて、あちらこちら手術されているからもう遅いということもある。それと似たようなことで、最初が肝心である。犯人逮捕も、何はともあれ、初動捜査が大事なことと同じことである。

二　開発許可の例

例として、ゴルフ場や宅地、テニスコートのための開発許可について考えると、その申請に対して近隣住民が反対することが少なくない。そうすると、行政の方はいわゆる行政指導を行って、住民と話し合いをさせたりして、その間許認可を握りつぶすことがある。行政書士はこの間に立って、住民の納得を得られるように努力するのであろうが、結局、住民が納得しない、行政も認めないというような状態で、会社の方が困ってしまった場合、法律的に争うことになる。

もし、行政指導では、相手方がこれに応じればそれで終わりである。これに対し、指導はあくまで指導であるから、断固拒否すればもう指導はできないということが確定判例である。また、それは行政手続法の考え方でもある。そうすると、行政指導に呑み込まれたのか、断固拒否したのかというのが問題になる（阿部泰隆『行政法解釈学Ⅰ』一四二頁）。

そこで、事業者側の顧問の行政書士としては、断固拒否したという証拠を作らなければならない。そのひとつの方法は、不服申立書を提出することである（最判昭和六〇年七月一六日民集三九巻五号九八九頁）。また、行政指導についてもどのような指導がなされたのか、それは不合理だったのか、断固拒否するだけの理由があるのか、ということが問題になるので、行政指導の内容を必ず書面で貰うということにするべきである。行政手続法三五条は、行政指導の書面化を要求する権利があると書いてあるので、指導を受けるときは必ず文書を求めるべきである。口頭で指導を受けてはならないのである。また、そのようにすれば、行政側もいい加減な行政指導は行わなくなるようである。

このように、行政書士段階できちんと行政側の違法の証拠を取っておけば、後の訴訟がやりやすいし、また後の訴訟でやりやすいような形を作っておけば、行政側は違法な拒否はしにくいものである。そうすると、許認可がおりて、行政書士の仕事にも成果がもたらされる。

◆協議につき不同意

都市計画法二九条の開発許可を申請する場合に、あらかじめ、「開発行為に関係がある公共施設」（道路、公園、下水道など）の管理者と協議し、その同意を得なければならない。また、あらかじめ、「開発行為又は開発行為に関する工事により設置される公共施設を管理することとなる者」その他政令で定める者と協議しなければならない。前二項に規定する公共施設の管理者又は公共施設を管理することとなる者は、公共施設の適切な管理を確保する観点から、前二項の協議を行うものとする（都計法三二条）。

しかし、公共施設管理者としての市町村が住民の反対などを理由に同意せず、又、協議を真面目に行わないことがある。それは、公共施設の適切な管理の観点とは無関係であるから、違法である。

その場合、申請者はどうすればよいか。

ここで、開発許可の申請書には、第三二条第一項に規定する同意を得たことを証する書面、同条第二項に規定する協議の経過を示す書面その他国土交通省令で定める図書を添付しなければならない（三〇条二項）、となっている。

そこで、この同意を得ないとそもそも開発許可を申請できないが、協議案件であれば、誠実に協議をすれば、開発許可を申請できることになる。

しかも、判例はこの不同意は処分ではないとする（最判平成七年三月二三日民集四九巻三号一〇〇六頁、判時一五二六号八一頁）ので、その取消訴訟を提起することはできない。もっとも、おそらくは今なら、同意を求める民事の給付訴訟なり、同意を得る地位にあることの確認訴訟が許されるであろうが。

そうすると、協議と同意は大違いである。したがって、協議案件か同意案件かを区別しなければならない。

しかし現場では、協議につき不同意といった文書を出す。開発許可の申請者は、それが同意の拒否なのか協議の不調なのか、はっきりわからずに当局と交渉することになる。

そこで、同意の拒否だと思って、開発許可を申請せずに、開発許可権者である市相手に損害賠償訴訟を起こすと、それは、協議の不調だから、勝手に県に許可申請できたのだ、協議につき不同意は、許可を得られなかったことと関係がないと反論されてしまう。

それも不合理であるが、行政書士としては、開発許可の申請のさいには、協議なのか、同意なのかを、当局に明らかにさせ、その上で戦術を練ることが必要である。

このように、将来その事件が裁判になることを念頭においてˌ対応を検討し証拠を確保しなければならないのである。本来ならこの段階から行政法に詳しい専門弁護士と協力する方が良い結果が得られる。

重要参考条文

（関連条文を省略しているので、実務に際しては、条文と解説書に本格的に当たってほしい）

◇弁護士法

（弁護士の職務）

第三条　弁護士は、当事者その他関係人の依頼又は官公署の委嘱によつて、訴訟事件、非訟事件及び審査請求、異議申立て、再審査請求等行政庁に対する不服申立事件に関する行為その他一般の法律事務を行うことを職務とする。

2　弁護士は、当然、弁理士及び税理士の事務を行うことができる。

（非弁護士の法律事務の取扱い等の禁止）

第七十二条　弁護士又は弁護士法人でない者は、報酬を得る目的で訴訟事件、非訟事件及び審査請求、異議申立て、再審査請求等行政庁に対する不服申立事件その他一般の法律事件に関して鑑定、代理、仲裁若しくは和解その他の法律事務を取り扱い、又はこれらの周旋をすることを業とすることができない。ただし、この法律又は他の法律に別段の定めがある場合は、この限りでない。

（譲り受けた権利の実行を業とすることの禁止）

第七十三条　何人も、他人の権利を譲り受けて、訴訟、調停、和解その他の手段によつて、その権利の実行をすることを業とすることができない。

（非弁護士の虚偽標示等の禁止）

第七十四条　弁護士又は弁護士法人でない者は、弁護士又は法律事務所の標示又は記載をしてはならない。

2　弁護士又は弁護士法人でない者は、利益を得る目的で、法律相談その他法律事務を取り扱う旨の標示又は記載をしてはならない。

3　弁護士法人でない者は、その名称中に弁護士法人又はこれに類似する名称を用いてはならない。第七十二条

◇行政事件訴訟法（二〇〇五年改正法）（抄）

第一章　総　則

（この法律の趣旨）

第一条　行政事件訴訟については、他の法律に特別の定めがある場合を除くほか、この法律の定めるところによる。

（行政事件訴訟）

第二条　この法律において「行政事件訴訟」とは、抗告訴訟、当事者訴訟、民衆訴訟及び機関訴訟をいう。

（抗告訴訟）

第三条　この法律において「抗告訴訟」とは、行政庁の公権力の行使に関する不服の訴訟をいう。

2　この法律において「処分の取消しの訴え」とは、行政庁の処分その他公権力の行使に当たる行為（次項に規定する裁決、

決定その他の行為を除く。以下単に「処分」という。）の取消しを求める訴訟をいう。

3　この法律において「裁決の取消しの訴え」とは、審査請求、異議申立てその他の不服申立て（以下単に「審査請求」という。）に対する行政庁の裁決、決定その他の行為（以下単に「裁決」という。）の取消しを求める訴訟をいう。

4　この法律において「無効等確認の訴え」とは、処分若しくは裁決の存否又はその効力の有無の確認を求める訴訟をいう。

5　この法律において「不作為の違法確認の訴え」とは、行政庁が法令に基づく申請に対し、相当の期間内に何らかの処分又は裁決をすべきであるにかかわらず、これをしないことについての違法の確認を求める訴訟をいう。

6　この法律において「義務付けの訴え」とは、次に掲げる場合において、行政庁がその処分又は裁決をすべき旨を命ずることを求める訴訟をいう。

一　行政庁が一定の処分をすべきであるにかかわらずこれがされないとき（次号に掲げる場合を除く。）。

二　行政庁に対し一定の処分又は裁決を求める旨の法令に基づく申請又は審査請求がされた場合において、当該行政庁がその処分又は裁決をすべきであるにかかわらずこれがされないとき。

7　この法律において「差止めの訴え」とは、行政庁が一定の処分又は裁決をすべきでないにかかわらずこれがされようとしている場合において、行政庁がその処分又は裁決をしてはならない旨を命ずることを求める訴訟をいう。

（当事者訴訟）

第四条　この法律において「当事者訴訟」とは、当事者間の法律関係を確認し又は形成する処分又は裁決に関する訴訟で法令の規定によりその法律関係の当事者の一方を被告とするもの及び公法上の法律関係に関する確認の訴えその他の公法上の法律関係に関する訴訟をいう。

（この法律に定めがない事項）

第七条　行政事件訴訟に関し、この法律に定めがない事項については、民事訴訟の例による。

第二章　抗告訴訟

第一節　取消訴訟

（処分の取消しの訴えと審査請求との関係）

第八条　処分の取消しの訴えは、当該処分につき法令の規定により審査請求をすることができる場合においても、直ちに提起することを妨げない。ただし、法律に当該処分についての審査請求に対する裁決を経た後でなければ処分の取消しの訴えを提起することができない旨の定めがあるときは、この限りでない。

2　前項ただし書の場合においても、次の各号の一に該当するときは、裁決を経ないで、処分の取消しの訴えを提起することができる。

一　審査請求があつた日から三箇月を経過しても裁決がないとき。

二　処分、処分の執行又は手続の続行により生ずる著しい損害を避けるため緊急の必要があるとき。

三　その他裁決を経ないことにつき正当な理由があるとき。

3　第一項本文の場合において、当該処分につき審査請求がされているときは、裁判所は、その審査請求に対する裁決があるまで（審査請求があつた日から三箇月を経過しても裁決がないときは、その期間を経過するまで）、訴訟手続を中止することができる。

（原告適格）

第九条　処分の取消しの訴え及び裁決の取消しの訴え（以下「取消訴訟」という。）は、当該処分又は裁決の取消しを求めるにつき法律上の利益を有する者（処分又は裁決の効果が期間の経過その他の理由によりなくなつた後においてもなお処分又は裁決の取消しによつて回復すべき法律上の利益を有する者を含む。）に限り、提起することができる。

2　裁判所は、処分又は裁決の相手方以外の者について前項に規定する法律上の利益の有無を判断するに当たつては、当該処分又は裁決の根拠となる法令の規定の文言のみによることなく、当該法令の趣旨及び目的並びに当該処分において考慮されるべき利益の内容及び性質を考慮するものとする。この場合において、当該法令の趣旨及び目的を考慮するに当たつては、当該法令と目的を共通にする関係法令があるときはその趣旨及び目的をも参酌するものとし、当該利益の内容及び性質を考慮するに当たつては、当該処分又は裁決がその根拠となる法令に違反してされた場合に害されることとなる利益の内容及び性質並びにこれが害される態様及び程度をも勘案するものとする。

（取消しの理由の制限）

第十条　取消訴訟においては、自己の法律上の利益に関係のない違法を理由として取消しを求めることができない。

2　処分の取消しの訴えとその処分についての審査請求を棄却した裁決の取消しの訴えとを提起することができる場合には、裁決の取消しの訴えにおいては、処分の違法を理由として取消しを求めることができない。

（被告適格等）

第十一条　処分又は裁決をした行政庁（処分又は裁決があつた後に当該行政庁の権限が他の行政庁に承継されたときは、当該他の行政庁。以下同じ。）が国又は公共団体に所属する場合には、取消訴訟は、次の各号に掲げる訴えの区分に応じてそれぞれ当該各号に定める者を被告として提起しなければならない。

一　処分の取消しの訴え　当該処分をした行政庁の所属する国又は公共団体

二　裁決の取消しの訴え　当該裁決をした行政庁の所属する国又は公共団体

2　処分又は裁決をした行政庁が国又は公共団体に所属しない場合には、取消訴訟は、当該行政庁を被告として提起しなければならない。

3　前二項の規定により被告とすべき国若しくは公共団体又は行政庁がない場合には、取消訴訟は、当該処分又は裁決に係る事務の帰属する国又は公共団体を被告として提起しなければならない。

4　第一項又は前項の規定により国又は公共団体を被告とし

て取消訴訟を提起する場合には、訴状には、民事訴訟の例により記載すべき事項のほか、次の各号に掲げる訴えの区分に応じてそれぞれ当該各号に定める行政庁を記載するものとする。
一 処分の取消しの訴え 当該処分をした行政庁
二 裁決の取消しの訴え 当該裁決をした行政庁
5 第一項又は第三項の規定により国又は公共団体を被告として取消訴訟が提起された場合には、被告は、遅滞なく、裁判所に対し、前項各号に掲げる訴えの区分に応じてそれぞれ当該各号に定める行政庁を明らかにしなければならない。
6 処分又は裁決をした行政庁は、当該処分又は裁決に係る第一項の規定による国又は公共団体を被告とする訴訟について、裁判上の一切の行為をする権限を有する。

（管轄）

第十二条 取消訴訟は、被告の普通裁判籍の所在地を管轄する裁判所又は処分若しくは裁決をした行政庁の所在地を管轄する裁判所の管轄に属する。
2 土地の収用、鉱業権の設定その他不動産又は特定の場所に係る処分又は裁決についての取消訴訟は、その不動産又は場所の所在地の裁判所にも、提起することができる。
3 取消訴訟は、当該処分又は裁決に関し事案の処理に当たつた下級行政機関の所在地の裁判所にも、提起することができる。
4 国又は独立行政法人通則法（平成十一年法律第百三号）第二条第一項に規定する独立行政法人若しくは別表に掲げる法人を被告とする取消訴訟は、原告の普通裁判籍の所在地を管轄する高等裁判所の所在地を管轄する地方裁判所（次項において「特定管轄裁判所」という。）にも、提起することができる。
5 前項の規定により特定管轄裁判所に同項の取消訴訟が提起された場合であつて、他の裁判所に事実上及び法律上同一の原因に基づいてされた処分又は裁決に係る抗告訴訟が係属している場合においては、当該特定管轄裁判所は、当事者の住所又は所在地、尋問を受けるべき証人の住所、争点又は証拠の共通性その他の事情を考慮して、相当と認めるときは、申立てにより又は職権で、訴訟の全部又は一部について、当該他の裁判所又は第一項から第三項までに定める裁判所に移送することができる。

（出訴期間）

第十四条 取消訴訟は、処分又は裁決があつたことを知つた日から六箇月を経過したときは、提起することができない。ただし、正当な理由があるときは、この限りでない。
2 取消訴訟は、処分又は裁決の日から一年を経過したときは、提起することができない。ただし、正当な理由があるときは、この限りでない。
3 処分又は裁決につき審査請求をすることができる場合又は行政庁が誤つて審査請求をすることができる旨を教示した場合において、審査請求があつたときは、処分又は裁決に係る取消訴訟は、その審査請求をした者については、前二項の規定にかかわらず、これに対する裁決があつたことを知つた日から六箇月を経過したとき又は当該裁決の日から一年を経過したときは、提起することができない。ただし、正当な理由があるときは、この限りでない。

（被告を誤つた訴えの救済）

第十五条　取消訴訟において、原告が故意又は重大な過失によらないで被告とすべき者を誤つたときは、裁判所は、原告の申立てにより、決定をもつて、被告を変更することを許すことができる。

（執行停止）

第二十五条　処分の取消しの訴えの提起は、処分の効力、処分の執行又は手続の続行を妨げない。

２　処分の取消しの訴えの提起があつた場合において、処分、処分の執行又は手続の続行により生ずる重大な損害を避けるため緊急の必要があるときは、裁判所は、申立てにより、決定をもつて、処分の効力、処分の執行又は手続の続行の全部又は一部の停止（以下「執行停止」という。）をすることができる。ただし、処分の効力の停止は、処分の執行又は手続の続行の停止によつて目的を達することができる場合には、することができない。

３　裁判所は、前項に規定する重大な損害を生ずるか否かを判断するに当たつては、損害の回復の困難の程度を考慮するものとし、損害の性質及び程度並びに処分の内容及び性質をも勘案するものとする。

４　執行停止は、公共の福祉に重大な影響を及ぼすおそれがあるとき、又は本案について理由がないとみえるときは、することができない。

５　第二項の決定は、疎明に基づいてする。

６　第二項の決定は、口頭弁論を経ないですることができる。ただし、あらかじめ、当事者の意見をきかなければならない。

７　第二項の申立てに対する決定に対しては、即時抗告をすることができる。

８　第二項の決定に対する即時抗告は、その決定の執行を停止する効力を有しない。

（裁量処分の取消し）

第三十条　行政庁の裁量処分については、裁量権の範囲をこえ又はその濫用があつた場合に限り、裁判所は、その処分を取り消すことができる。

第二節　その他の抗告訴訟

（無効等確認の訴えの原告適格）

第三十六条　無効等確認の訴えは、当該処分又は裁決に続く処分により損害を受けるおそれのある者その他当該処分又は裁決の無効等の確認を求めるにつき法律上の利益を有する者で、当該処分若しくは裁決の存否又はその効力の有無を前提とする現在の法律関係に関する訴えによつて目的を達することができないものに限り、提起することができる。

（不作為の違法確認の訴えの原告適格）

第三十七条　不作為の違法確認の訴えは、処分又は裁決についての申請をした者に限り、提起することができる。

（義務付けの訴えの要件等）

第三十七条の二　第三条第六項第一号に掲げる場合において、義務付けの訴えは、一定の処分がされないことにより重大な損害を生ずるおそれがあり、かつ、その損害を避けるため他に適当な方法がないときに限り、提起することができる。

2 裁判所は、前項に規定する重大な損害を生ずるか否かを判断するに当たつては、損害の回復の困難の程度を考慮するものとし、損害の性質及び程度並びに処分の内容及び性質をも勘案するものとする。

3 第一項の義務付けの訴えは、行政庁が一定の処分をすべき旨を命ずることを求めるにつき法律上の利益を有する者に限り、提起することができる。

4 前項に規定する法律上の利益の有無の判断については、第九条第二項の規定を準用する。

5 義務付けの訴えが第一項及び第三項に規定する要件に該当する場合において、その義務付けの訴えに係る処分につき、行政庁がその処分をすべきであることがその処分の根拠となる法令の規定から明らかであると認められ又は行政庁がその処分をしないことがその裁量権の範囲を超え若しくはその濫用となると認められるときは、裁判所は、行政庁がその処分をすべき旨を命ずる判決をする。

第三十七条の三 第三条第六項第二号に掲げる場合において、義務付けの訴えは、次の各号に掲げる要件のいずれかに該当するときに限り、提起することができる。

一 当該法令に基づく申請又は審査請求に対し相当の期間内に何らの処分又は裁決がされないこと。

二 当該法令に基づく申請又は審査請求を却下し又は棄却する旨の処分又は裁決がされた場合において、当該処分又は裁決が取り消されるべきものであり、又は無効若しくは不存在であること。

2 前項の義務付けの訴えは、同項各号に規定する法令に基づく申請又は審査請求をした者に限り、提起することができる。

3 第一項の義務付けの訴えを提起するときは、次の各号に掲げる区分に応じてそれぞれ当該各号に定める訴えをその義務付けの訴えに併合して提起しなければならない。この場合において、当該各号に定める訴えに係る訴訟の管轄について他の法律に特別の定めがあるときは、当該義務付けの訴えに係る訴訟の管轄は、第三十八条第一項において準用する第十二条の規定にかかわらず、その定めに従う。

一 第一項第一号に掲げる要件に該当する場合 同号に規定する処分又は裁決に係る不作為の違法確認の訴え

二 第一項第二号に掲げる要件に該当する場合 同号に規定する処分又は裁決に係る取消訴訟又は無効等確認の訴え

4 前項の規定により併合して提起された義務付けの訴え及び同項各号に定める訴えに係る弁論及び裁判は、分離しないでしなければならない。

5 義務付けの訴えが第一項から第三項までに規定する要件に該当する場合において、同項各号に定める訴えに係る請求に理由があると認められ、かつ、その義務付けの訴えに係る処分又は裁決につき、行政庁がその処分若しくは裁決をすべきであることがその処分若しくは裁決の根拠となる法令の規定から明らかであると認められ又は行政庁がその処分若しくは裁決をしないことがその裁量権の範囲を超え若しくはその濫用となると認められるときは、裁判所は、その義務付けの訴えに係る処分又は裁決をすべき旨を命ずる判決をする。

6　第四項の規定にかかわらず、裁判所は、審理の状況その他の事情を考慮して、第三項各号に定める訴えについてのみ終局判決をすることがより迅速な争訟の解決に資すると認めるときは、当該訴えについてのみ終局判決をすることができる。この場合において、裁判所は、当該訴えについてのみ終局判決をしたときは、当事者の意見を聴いて、当該訴えに係る訴訟手続が完結するまでの間、義務付けの訴えに係る訴訟手続を中止することができる。

7　第一項の義務付けの訴えのうち、行政庁が一定の裁決をすべき旨を命ずることを求めるものは、処分についての審査請求がされた場合において、当該処分に係る処分の取消しの訴え又は無効等確認の訴えを提起することができないときに限り、提起することができる。

（差止めの訴えの要件）

第三十七条の四　差止めの訴えは、一定の処分又は裁決がされることにより重大な損害を生ずるおそれがある場合に限り、提起することができる。ただし、その損害を避けるため他に適当な方法があるときは、この限りでない。

2　裁判所は、前項に規定する重大な損害を生ずるか否かを判断するに当たつては、損害の回復の困難の程度を考慮するものとし、損害の性質及び程度並びに処分又は裁決の内容及び性質をも勘案するものとする。

3　差止めの訴えは、行政庁が一定の処分又は裁決をしてはならない旨を命ずることを求めるにつき法律上の利益を有する者に限り、提起することができる。

4　前項に規定する法律上の利益の有無の判断については、第九条第二項の規定を準用する。

5　差止めの訴えが第一項及び第三項に規定する要件に該当する場合において、その差止めの訴えに係る処分又は裁決につき、行政庁がその処分若しくは裁決をすべきでないことがその処分若しくは裁決の根拠となる法令の規定から明らかであると認められ又は行政庁がその処分若しくは裁決をすることがその裁量権の範囲を超え若しくはその濫用となると認められるときは、裁判所は、行政庁がその処分又は裁決をしてはならない旨を命ずる判決をする。

（仮の義務付け及び仮の差止め）

第三十七条の五　義務付けの訴えの提起があつた場合において、その義務付けの訴えに係る処分又は裁決がされないことにより生ずる償うことのできない損害を避けるため緊急の必要があり、かつ、本案について理由があるとみえるときは、裁判所は、申立てにより、決定をもつて、仮に行政庁がその処分又は裁決をすべき旨を命ずること（以下この条において「仮の義務付け」という。）ができる。

2　差止めの訴えの提起があつた場合において、その差止めの訴えに係る処分又は裁決がされることにより生ずる償うことのできない損害を避けるため緊急の必要があり、かつ、本案について理由があるとみえるときは、裁判所は、申立てにより、決定をもつて、仮に行政庁がその処分又は裁決をしてはならない旨を命ずること（以下この条において「仮の差止め」という。）ができる。

3　仮の義務付け又は仮の差止めは、公共の福祉に重大な影響を及ぼすおそれがあるときは、することができない。

4　第二十五条第五項から第八項まで、第二十六条から第二十八条まで及び第三十三条第一項の規定は、仮の義務付け又は仮の差止めに関する事項について準用する。

5　前項において準用する第二十五条第七項の即時抗告についての裁判又は前項において準用する第二十六条第一項の決定により仮の義務付けの決定が取り消されたときは、当該行政庁は、当該仮の義務付けの決定に基づいてした処分又は裁決を取り消さなければならない。

（取消訴訟に関する規定の準用）

第三十八条　第十一条から第十三条まで、第十六条から第十九条まで、第二十一条から第二十三条まで、第二十四条、第三十三条及び第三十五条の規定は、取消訴訟以外の抗告訴訟について準用する。

2　第十条第二項の規定は、処分の無効等確認の訴えとその処分についての審査請求を棄却した裁決に係る抗告訴訟とを提起することができる場合に、第二十条の規定は、処分の無効等確認の訴えをその処分についての審査請求を棄却した裁決に係る抗告訴訟に併合して提起する場合に準用する。

3　第二十三条の二、第二十五条から第二十九条まで及び第三十二条第二項の規定は、無効等確認の訴えについて準用する。

4　第八条及び第十条第二項の規定は、不作為の違法確認の訴えに準用する。

第三章　当事者訴訟

（出訴の通知）

第三十九条　当事者間の法律関係を確認し又は形成する処分又は裁決に関する訴訟で、法令の規定によりその法律関係の当事者の一方を被告とするものが提起されたときは、裁判所は、当該処分又は裁決をした行政庁にその旨を通知するものとする。

（出訴期間の定めがある当事者訴訟）

第四十条　法令に出訴期間の定めがある当事者訴訟は、その法令に別段の定めがある場合を除き、正当な理由があるときは、その期間を経過した後であつても、これを提起することができる。

2　第十五条の規定は、法令に出訴期間の定めがある当事者訴訟について準用する。

（抗告訴訟に関する規定の準用）

第四十一条　第二十三条、第二十四条、第三十三条第一項及び第三十五条の規定は当事者訴訟について、第二十三条の二の規定は当事者訴訟における処分又は裁決の理由を明らかにする資料の提出について準用する。

2　第十三条の規定は、当事者訴訟とその目的たる請求と関連請求の関係にある請求に係る訴訟とが各別の裁判所に係属する場合における移送に、第十六条から第十九条までの規定は、これらの訴えの併合について準用する。

第五章　補則

（仮処分の排除）

第四十四条　行政庁の処分その他公権力の行使に当たる行為については、民事保全法（平成元年法律第九十一号）に規定する仮処分をすることができない。

（処分の効力等を争点とする訴訟）

第四十五条　私法上の法律関係に関する訴訟において、処分若しくは裁決の存否又はその効力の有無が争われている場合には、第二十三条第一項及び第二項並びに第三十九条の規定を準用する。

2　前項の規定により行政庁が訴訟に参加した場合には、民事訴訟法第四十五条第一項及び第二項の規定を準用する。ただし、攻撃又は防御の方法は、当該処分若しくは裁決の存否又はその効力の有無に関するものに限り、提出することができる。

3　第一項の規定により行政庁が訴訟に参加した後において、処分若しくは裁決の存否又はその効力の有無に関する争いがなくなつたときは、裁判所は、参加の決定を取り消すことができる。

4　第一項の場合には、当該争点について第二十三条の二及び第二十四条の規定を、訴訟費用の裁判について第三十五条の規定を準用する。

（取消訴訟等の提起に関する事項の教示）

第四十六条　行政庁は、取消訴訟を提起することができる処分又は裁決をする場合には、当該処分又は裁決の相手方に対し、次に掲げる事項を書面で教示しなければならない。ただし、当該処分を口頭でする場合は、この限りでない。

一　当該処分又は裁決に係る取消訴訟の被告とすべき者
二　当該処分又は裁決に係る取消訴訟の出訴期間
三　法律に当該処分についての審査請求に対する裁決を経た後でなければ処分の取消しの訴えを提起することができない旨の定めがあるときは、その旨

2　行政庁は、法律に処分についての審査請求に対する裁決に対してのみ取消訴訟を提起することができる旨の定めがある場合において、当該処分をするときは、当該処分の相手方に対し、法律にその定めがある旨を書面で教示しなければならない。ただし、当該処分を口頭でする場合は、この限りでない。

3　行政庁は、当事者間の法律関係を確認し又は形成する処分又は裁決に関する訴訟で法令の規定によりその法律関係の当事者の一方を被告とするものを提起することができる処分又は裁決をする場合には、当該処分又は裁決の相手方に対し、次に掲げる事項を書面で教示しなければならない。ただし、当該処分を口頭でする場合は、この限りでない。

一　当該訴訟の被告とすべき者
二　当該訴訟の出訴期間

◇行政手続法（抄）

（目的等）

第一条　この法律は、処分、行政指導及び届出に関する手続に関し、共通する事項を定めることによって、行政運営におけ

る公正の確保と透明性（行政上の意思決定について、その内容及び過程が国民にとって明らかであることをいう。第三十八条において同じ。）の向上を図り、もって国民の権利利益の保護に資することを目的とする。

（審査基準）

第五条　行政庁は、申請により求められた許認可等をするかどうかをその法令の定めに従って判断するために必要とされる基準（以下「審査基準」という。）を定めるものとする。

２　行政庁は、審査基準を定めるに当たっては、当該許認可等の性質に照らしてできる限り具体的なものとしなければならない。

３　行政庁は、行政上特別の支障があるときを除き、法令により当該申請の提出先とされている機関の事務所における備付けその他の適当な方法により審査基準を公にしておかなければならない。

（標準処理期間）

第六条　行政庁は、申請がその事務所に到達してから当該申請に対する処分をするまでに通常要すべき標準的な期間（法令により当該行政庁と異なる機関が当該申請の提出先とされている場合は、併せて、当該申請が当該提出先とされている機関の事務所に到達してから当該行政庁の事務所に到達するまでに通常要すべき標準的な期間）を定めるよう努めるとともに、これを定めたときは、これらの当該申請の提出先とされている機関の事務所における備付けその他の適当な方法により公にしておかなければならない。

（申請に対する審査、応答）

第七条　行政庁は、申請がその事務所に到達したときは遅滞なく当該申請の審査を開始しなければならず、かつ、申請書の記載事項に不備がないこと、申請書に必要な書類が添付されていること、申請をすることができる期間内にされたものであることその他の法令に定められた申請の形式上の要件に適合しない申請については、速やかに、申請をした者（以下「申請者」という。）に対し相当の期間を定めて当該申請の補正を求め、又は当該申請により求められた許認可等を拒否しなければならない。

（理由の提示）

第八条　行政庁は、申請により求められた許認可等を拒否する処分をする場合は、申請者に対し、同時に、当該処分の理由を示さなければならない。ただし、法令に定められた許認可等の要件又は公にされた審査基準が数量的指標その他の客観的指標により明確に定められている場合であって、当該申請がこれらに適合しないことが申請書の記載又は添付書類その他の申請の内容から明らかであるときは、申請者の求めがあったときにこれを示せば足りる。

２　前項本文に規定する処分を書面でするときは、同項の理由は、書面により示さなければならない。

（情報の提供）

第九条　行政庁は、申請者の求めに応じ、当該申請に係る審査の進行状況及び当該申請に対する処分の時期の見通しを示すよう努めなければならない。

２　行政庁は、申請をしようとする者又は申請者の求めに応じ、申請書の記載及び添付書類に関する事項その他の申請に必要な情報の提供に努めなければならない。

（複数の行政庁が関与する処分）

第十一条　行政庁は、申請の処理をするに当たり、他の行政庁において同一の申請者からされた関連する申請が審査中であることをもって自らすべき許認可等をするかどうかについての審査又は判断を殊更に遅延させるようなことをしてはならない。

２　一の申請又は同一の申請者からされた相互に関連する複数の申請に対する処分について複数の行政庁が関与する場合においては、当該複数の行政庁は、必要に応じ、相互に連絡をとり、当該申請者からの説明の聴取を共同して行う等により審査の促進に努めるものとする。

（処分の基準）

第十二条　行政庁は、不利益処分をするかどうか又はどのような不利益処分とするかについてその法令の定めに従って判断するために必要とされる基準（次項において「処分基準」という。）を定め、かつ、これを公にしておくよう努めなければならない。

２　行政庁は、処分基準を定めるに当たっては、当該不利益処分の性質に照らしてできる限り具体的なものとしなければならない。

（不利益処分をしようとする場合の手続）

第十三条　行政庁は、不利益処分をしようとする場合には、次の各号の区分に従い、この章の定めるところにより、当該不利益処分の名あて人となるべき者について、当該各号に定める意見陳述のための手続を執らなければならない。

一　次のいずれかに該当するとき　聴聞

イ　許認可等を取り消す不利益処分をしようとするとき。

ロ　イに規定するもののほか、名あて人の資格又は地位を直接にはく奪する不利益処分をしようとするとき。

ハ　名あて人が法人である場合におけるその役員の解任を命ずる不利益処分、名あて人の業務に従事する者の解任を命ずる不利益処分又は名あて人の会員である者の除名を命ずる不利益処分をしようとするとき。

ニ　イからハまでに掲げる場合以外の場合であって行政庁が相当と認めるとき。

二　前号イからニまでのいずれにも該当しないとき　弁明の機会の付与

（不利益処分の理由の提示）

第十四条　行政庁は、不利益処分をする場合には、その名あて人に対し、同時に、当該不利益処分の理由を示さなければならない。ただし、当該理由を示さないで処分をすべき差し迫った必要がある場合は、この限りでない。

第二節　聴　聞

（聴聞の通知の方式）

第十五条　行政庁は、聴聞を行うに当たっては、聴聞を行うべき期日までに相当な期間をおいて、不利益処分の名あて人となるべき者に対し、次に掲げる事項を書面により通知しなければばならない。
一　予定される不利益処分の内容及び根拠となる法令の条項
二　不利益処分の原因となる事実
三　聴聞の期日及び場所
四　聴聞に関する事務を所掌する組織の名称及び所在地
2　前項の書面においては、次に掲げる事項を教示しなければならない。
一　聴聞の期日に出頭して意見を述べ、及び証拠書類又は証拠物（以下「証拠書類等」という。）を提出し、又は聴聞の期日への出頭に代えて陳述書及び証拠書類等を提出することができること。
二　聴聞が終結する時までの間、当該不利益処分の原因となる事実を証する資料の閲覧を求めることができること。

（代理人）
第十六条　前条第一項の通知を受けた者（同条第三項後段の規定により当該通知が到達したものとみなされる者を含む。以下「当事者」という。）は、代理人を選任することができる。
2　代理人は、各自、当事者のために、聴聞に関する一切の行為をすることができる。3　代理人の資格は、書面で証明しなければならない。

（参加人）
第十七条　第十九条の規定により聴聞を主宰する者（以下「主宰者」という。）は、必要があると認めるときは、当事者以外の者であって当該不利益処分の根拠となる法令に照らし当該不利益処分につき利害関係を有するものと認められる者（同条第二項第六号において「関係人」という。）に対し、当該聴聞に関する手続に参加することを求め、又は当該聴聞に関する手続に参加することを許可することができる。
2　前項の規定により当該聴聞に関する手続に参加する者（以下「参加人」という。）は、代理人を選任することができる。

（文書等の閲覧）
第十八条　当事者及び当該不利益処分がされた場合に自己の利益を害されることとなる参加人（以下この条及び第二十四条第三項において「当事者等」という。）は、聴聞の通知があった時から聴聞が終結する時までの間、行政庁に対し、当該事案についてした調査の結果に係る調書その他の当該不利益処分の原因となる事実を証する資料の閲覧を求めることができる。この場合において、行政庁は、第三者の利益を害するおそれがあるときその他正当な理由があるときでなければ、その閲覧を拒むことができない。

（聴聞の主宰）
第十九条　聴聞は、行政庁が指名する職員その他政令で定める者が主宰する。

（聴聞の期日における審理の方式）
第二十条　主宰者は、最初の聴聞の期日の冒頭において、行政庁の職員に、予定される不利益処分の内容及び根拠となる法令の条項並びにその原因となる事実を聴聞の期日に出頭した者に対し説明させなければならない。
2　当事者又は参加人は、聴聞の期日に出頭して、意見を述べ、及び証拠書類等を提出し、並びに主宰者の許可を得て行政庁の職員に対し質問を発することができる。

3　前項の場合において、当事者又は参加人は、主宰者の許可を得て、補佐人とともに出頭することができる。

4　主宰者は、聴聞の期日において必要があると認めるときは、当事者若しくは参加人に対し質問を発し、意見の陳述若しくは証拠書類等の提出を促し、又は行政庁の職員に対し説明を求めることができる。

5　主宰者は、当事者又は参加人の一部が出頭しないときであっても、聴聞の期日における審理を行うことができる。

6　聴聞の期日における審理は、行政庁が公開することを相当と認めるときを除き、公開しない。

（陳述書等の提出）

第二十一条　当事者又は参加人は、聴聞の期日への出頭に代えて、主宰者に対し、聴聞の期日までに陳述書及び証拠書類等を提出することができる。

2　主宰者は、聴聞の期日に出頭した者に対し、その求めに応じて、前項の陳述書及び証拠書類等を示すことができる。

（聴聞調書及び報告書）

第二十四条　主宰者は、聴聞の審理の経過を記載した調書を作成し、当該調書において、不利益処分の原因となる事実に対する当事者及び参加人の陳述の要旨を明らかにしておかなければならない。

2　前項の調書は、聴聞の期日における審理が行われた場合には各期日毎に、当該審理が行われなかった場合には聴聞の終結後速やかに作成しなければならない。

3　主宰者は、聴聞の終結後速やかに、不利益処分の原因となる事実に対する当事者等の主張に理由があるかどうかについての意見を記載した報告書を作成し、第一項の調書とともに行政庁に提出しなければならない。

4　当事者又は参加人は、第一項の調書及び前項の報告書の閲覧を求めることができる。

（聴聞を経てされる不利益処分の決定）

第二十六条　行政庁は、不利益処分の決定をするときは、第二十四条第一項の調書の内容及び同条第三項の報告書に記載された主宰者の意見を十分に参酌してこれをしなければならない。

（不服申立ての制限）

第二十七条　行政庁又は主宰者がこの節の規定に基づいてした処分については、行政不服審査法（昭和三十七年法律第百六十号）による不服申立てをすることができない。

2　聴聞を経てされた不利益処分については、当事者及び参加人は、行政不服審査法による異議申立てをすることができない。

（弁明の機会の付与の方式）

第二十九条　弁明は、行政庁が口頭ですることを認めたときを除き、弁明を記載した書面（以下「弁明書」という。）を提出してするものとする。

2　弁明をするときは、証拠書類等を提出することができる。

（弁明の機会の付与の通知の方式）

第三十条　行政庁は、弁明書の提出期限（口頭による弁明の機会の付与を行う場合には、その日時）までに相当な期間をおいて、不利益処分の名あて人となるべき者に対し、次に掲げる事項を書面により通知しなければならない。
一　予定される不利益処分の内容及び根拠となる法令の条項
二　不利益処分の原因となる事実
三　弁明書の提出先及び提出期限（口頭による弁明の機会の付与を行う場合には、その旨並びに出頭すべき日時及び場所）

第四章　行政指導

（行政指導の一般原則）
第三十二条　行政指導にあっては、行政指導に携わる者は、いやしくも当該行政機関の任務又は所掌事務の範囲を逸脱してはならないこと及び行政指導の内容があくまでも相手方の任意の協力によってのみ実現されるものであることに留意しなければならない。
2　行政指導に携わる者は、その相手方が行政指導に従わなかったことを理由として、不利益な取扱いをしてはならない。

（申請に関連する行政指導）
第三十三条　申請の取下げ又は内容の変更を求める行政指導にあっては、行政指導に携わる者は、申請者が当該行政指導に従う意思がない旨を表明したにもかかわらず当該行政指導を継続すること等により当該申請者の権利の行使を妨げるようなことをしてはならない。

（許認可等の権限に関連する行政指導）
第三十四条　許認可等をする権限又は許認可等に基づく処分をする権限を有する行政機関が、当該権限を行使することができない場合又は行使する意思がない場合においてする行政指導にあっては、行政指導に携わる者は、当該権限を行使し得る旨を殊更に示すことにより相手方に当該行政指導に従うことを余儀なくさせるようなことをしてはならない。

（行政指導の方式）
第三十五条　行政指導に携わる者は、その相手方に対して、当該行政指導の趣旨及び内容並びに責任者を明確に示さなければならない。
2　行政指導が口頭でされた場合において、その相手方から前項に規定する事項を記載した書面の交付を求められたときは、当該行政指導に携わる者は、行政上特別の支障がない限り、これを交付しなければならない。
3　前項の規定は、次に掲げる行政指導については、適用しない。
一　相手方に対しその場において完了する行為を求めるもの
二　既に文書（前項の書面を含む。）又は電磁的記録（電子的方式、磁気的方式その他人の知覚によっては認識することができない方式で作られる記録であって、電子計算機による情報処理の用に供されるものをいう。）によりその相手方に通知されている事項と同一の内容を求めるもの

（複数の者を対象とする行政指導）
第三十六条　同一の行政目的を実現するため一定の条件に該当する複数の者に対し行政指導をしようとするときは、行政機

関は、あらかじめ、事案に応じ、これらの行政指導に共通してその内容となるべき事項を定め、かつ、行政上特別の支障がない限り、これを公表しなければならない。

第五章　届　出

（届出）

第三十七条　届出が届出書の記載事項に不備がないこと、届出書に必要な書類が添付されていることその他の法令に定められた届出の形式上の要件に適合している場合は、当該届出が法令により当該届出の提出先とされている機関の事務所に到達したときに、当該届出をすべき手続上の義務が履行されたものとする。

◇行政不服審査法

（この法律の趣旨）

第一条　この法律は、行政庁の違法又は不当な処分その他公権力の行使に当たる行為に関し、国民に対して広く行政庁に対する不服申立てのみちを開くことによつて、簡易迅速な手続による国民の権利利益の救済を図るとともに、行政の適正な運営を確保することを目的とする。

（不服申立ての種類）

第三条　この法律による不服申立ては、行政庁の処分又は不作為について行なうものにあつては審査請求又は異議申立てとし、審査請求の裁決を経た後さらに行なうものにあつては再審査請求とする。

２　審査請求は、処分をした行政庁（以下「処分庁」という。）又は不作為に係る行政庁（以下「不作為庁」という。）以外の行政庁に対してするものとし、異議申立ては、処分庁又は不作為庁に対してするものとする。

（処分についての不服申立てに関する一般概括主義）

第四条　行政庁の処分（この法律に基づく処分を除く。）に不服がある者は、次条及び第六条の定めるところにより、審査請求又は異議申立てをすることができる。ただし、次の各号に掲げる処分及び他の法律に審査請求又は異議申立てをすることができない旨の定めがある処分については、この限りでない。

（略）

八　学校、講習所、訓練所又は研修所において、教育、講習、訓練又は研修の目的を達成するために、学生、生徒、児童若しくは幼児若しくはこれらの保護者、講習生、訓練生又は研修生に対して行われる処分

九　刑務所、少年刑務所、拘置所、留置施設、海上保安留置施設、少年院、少年鑑別所又は婦人補導院において、収容の目的を達成するために、これらの施設に収容されている者に対して行われる処分

十　外国人の出入国又は帰化に関する処分

十一　専ら人の学識技能に関する試験又は検定の結果についての処分

（処分についての審査請求）

第五条　行政庁の処分についての審査請求は、次の場合にすることができる。

一　処分庁に上級行政庁があるとき。ただし、処分庁が主任の大臣又は宮内庁長官若しくは外局若しくはこれに置かれる庁の長であるときを除く。

（処分についての異議申立て）

第六条　行政庁の処分についての異議申立ては、次の場合にすることができる。ただし、第一号又は第二号の場合において、当該処分について審査請求をすることができるときは、法律に特別の定めがある場合を除くほか、することができない。

一　処分庁に上級行政庁がないとき。

二　処分庁が主任の大臣又は宮内庁長官若しくは外局若しくはこれに置かれる庁の長であるとき。

三　前二号に該当しない場合であつて、法律に異議申立てをすることができる旨の定めがあるとき。

（不服申立ての方式）

第九条　この法律に基づく不服申立ては、他の法律（条例に基づく処分については、条例を含む。）に口頭ですることができる旨の定めがある場合を除き、書面を提出してしなければならない。

2　不服申立書は、異議申立ての場合を除き、正副二通を提出しなければならない。

3　前項の規定にかかわらず、行政手続等における情報通信の技術の利用に関する法律（平成十四年法律第百五十一号。第二十二条第三項において「情報通信技術利用法」という。）第三条第一項の規定により同項に規定する電子情報処理組織を使用して不服申立て（異議申立てを除く。次項において同じ。）がされた場合には、不服申立書の正副二通が提出されたものとみなす。

4　前項に規定する場合において、当該不服申立てに係る電磁的記録（電子的方式、磁気的方式その他人の知覚によつては認識することができない方式で作られる記録であつて、電子計算機による情報処理の用に供されるものをいう。第二十二条第四項において同じ。）については、不服申立書の正本又は副本とみなして、第十七条第二項（第五十六条において準用する場合を含む。）、第十八条第一項、第二項及び第四項、第二十二条第一項（第五十二条第二項において準用する場合を含む。）並びに第五十八条第三項及び第四項の規定を適用する。

（代理人による不服申立て）

第十二条　不服申立ては、代理人によつてすることができる。

2　代理人は、各自、不服申立人のために、当該不服申立てに関する一切の行為をすることができる。ただし、不服申立ての取下げは、特別の委任を受けた場合に限り、することができる。

（審査請求期間）

第十四条　審査請求は、処分があつたことを知つた日の翌日から起算して六十日以内（当該処分について異議申立てをしたときは、当該異議申立てについての決定があつたことを知つた日の翌日から起算して三十日以内）に、しなければならない。ただし、天災その他審査請求をしなかつたことについてやむをえない理由があるときは、この限りでない。

2　前項ただし書の場合における審査請求は、その理由がやんだ日の翌日から起算して一週間以内にしなければならない。

3　審査請求は、処分（当該処分について異議申立てをしたときは、当該異議申立てについての決定）があつた日の翌日から起算して一年を経過したときは、することができない。ただし、正当な理由があるときは、この限りでない。

4　審査請求書を郵便又は民間事業者による信書の送達に関する法律（平成十四年法律第九十九号）第二条第六項に規定する一般信書便事業者若しくは同条第九項に規定する特定信書便事業者による同条第二項に規定する信書便で提出した場合における審査請求期間の計算については、送付に要した日数は、算入しない。

（審査請求書の記載事項）

第十五条　審査請求書には、次の各号に掲げる事項を記載しなければならない。

一　審査請求人の氏名及び年齢又は名称並びに住所

二　審査請求に係る処分

三　審査請求に係る処分があつたことを知つた年月日

四　審査請求の趣旨及び理由

五　処分庁の教示の有無及びその内容

六　審査請求の年月日

2　審査請求人が、法人その他の社団若しくは財団であるとき、総代を互選したとき、又は代理人によつて審査請求をするときは、審査請求書には、前項各号に掲げる事項のほか、その代表者若しくは管理人、総代又は代理人の氏名及び住所を記載しなければならない。

3　審査請求書には、前二項に規定する事項のほか、第二十条第二号の規定により異議申立てについての決定を経ないで審査請求をする場合には、異議申立てをした年月日を、同条第三号の規定により異議申立てについての決定を経ないで審査請求をする場合には、その決定を経ないことについての正当な理由を記載しなければならない。

4　審査請求書には、審査請求人（審査請求人が法人その他の社団又は財団であるときは代表者又は管理人、総代を互選したときは総代、代理人によつて審査請求をするときは代理人）が押印しなければならない。

（口頭による審査請求）

第十六条　口頭で審査請求をする場合には、前条第一項から第三項までに規定する事項を陳述しなければならない。この場合においては、陳述を受けた行政庁は、その陳述の内容を録取し、これを陳述人に読み聞かせて誤りのないことを確認し、陳述人に押印させなければならない。

（処分庁経由による審査請求）

第十七条　審査請求は、処分庁を経由してすることもできる。この場合には、処分庁に審査請求書を提出し、又は処分庁に対し第十五条第一項から第三項までに規定する事項を陳述するものとする。

2　前項の場合には、処分庁は、直ちに、審査請求書の正本又は審査請求録取書（前条後段の規定により陳述の内容を録取した書面をいう。以下同じ。）を審査庁に送付しなければならない。

3　第一項の場合における審査請求期間の計算については、処分庁に審査請求書を提出し、又は処分庁に対し当該事項を陳述した時に、審査請求があつたものとみなす。

（誤つた教示をした場合の救済）

第十八条　審査請求をすることができる処分（異議申立てをすることもできる処分を除く。）につき、処分庁が誤つて審査庁でない行政庁を審査庁として教示した場合において、その教示された行政庁に書面で審査請求がされたときは、当該行政庁は、速やかに、審査請求書の正本及び副本を処分庁又は審査庁に送付し、かつ、その旨を審査請求人に通知しなければならない。

2　前項の規定により処分庁に審査請求書の正本及び副本が送付されたときは、処分庁は、速やかに、その正本を審査庁に送付し、かつ、その旨を審査請求人に通知しなければならない。

3　第一項の処分につき、処分庁が誤つて異議申立てをすることができる旨を教示した場合において、当該処分庁に異議申立てがされたときは、処分庁は、速やかに、異議申立書又は異議申立録取書（第四十八条において準用する第十六条後段の規定により陳述の内容を録取した書面をいう。以下同じ。）を審査庁に送付し、かつ、その旨を異議申立人に通知しなければならない。

4　前三項の規定により審査請求書の正本又は異議申立書若しくは異議申立録取書が審査庁に送付されたときは、はじめから審査庁に審査請求がされたものとみなす。

第十九条　処分庁が誤つて法定の期間よりも長い期間を審査請求期間として教示した場合において、その教示された期間内に審査請求がされたときは、当該審査請求は、法定の審査請求期間内にされたものとみなす。

（異議申立ての前置）

第二十条　審査請求は、当該処分につき異議申立てをすることができるときは、異議申立てについての決定を経た後でなければ、することができない。ただし、次の各号の一に該当するときは、この限りでない。

一　処分庁が、当該処分につき異議申立てをすることができる旨を教示しなかつたとき。

二　当該処分につき異議申立てをした日の翌日から起算して三箇月を経過しても、処分庁が当該異議申立てにつき決定をしないとき。

三　その他異議申立てについての決定を経ないことにつき正当な理由があるとき。

（補正）

第二十一条　審査請求が不適法であつて補正することができるものであるときは、審査庁は、相当の期間を定めて、その補正を命じなければならない。

（弁明書の提出）

第二十二条　審査庁は、審査請求を受理したときは、審査請求書の副本又は審査請求録取書の写しを処分庁に送付し、相当の期間を定めて、弁明書の提出を求めることができる。

（反論書の提出）

第二十三条　審査請求人は、弁明書の副本の送付を受けたときは、これに対する反論書を提出することができる。この場合において、審査庁が、反論書を提出すべき相当の期間を定めたときは、その期間内にこれを提出しなければならない。

（審理の方式）

第二十五条　審査請求の審理は、書面による。ただし、審査請求人又は参加人の申立てがあつたときは、審査庁は、申立人に口頭で意見を述べる機会を与えなければならない。

2　前項ただし書の場合には、審査請求人又は参加人は、審査庁の許可を得て、補佐人とともに出頭することができる。

（証拠書類等の提出）

第二十六条　審査請求人又は参加人は、証拠書類又は証拠物を提出することができる。ただし、審査庁が、証拠書類又は証拠物を提出すべき相当の期間を定めたときは、その期間内にこれを提出しなければならない。

（異議申立期間）

第四十五条　異議申立ては、処分があつたことを知つた日の翌日から起算して六十日以内にしなければならない。

（誤つた教示をした場合の救済）

第四十六条　異議申立てをすることができる処分につき、処分庁が誤つて審査請求をすることができる旨を教示した場合（審査請求をすることもできる処分につき、処分庁が誤つて審査庁でない行政庁を審査庁として教示した場合を含む。）において、その教示された行政庁に書面で審査請求がなされたときは、当該行政庁は、速やかに、審査請求書を当該処分庁に送付し、かつ、その旨を審査請求人に通知しなければならない。

2　前項の規定により審査請求書が処分庁に送付されたときは、はじめから処分庁に異議申立てがされたものとみなす。

（審査庁等の教示）

第五十七条　行政庁は、審査請求若しくは異議申立て又は他の法令に基づく不服申立て（以下この条において単に「不服申立て」という。）をすることができる処分をする場合には、処分の相手方に対し、当該処分につき不服申立てをすることができる旨並びに不服申立てをすべき行政庁及び不服申立てをすることができる期間を教示しなければならない。ただし、当該処分を口頭でする場合は、この限りでない。

2　行政庁は、利害関係人から、当該処分が不服申立てをすることができる処分であるかどうか並びに当該処分が不服申立てをすることができるものである場合における不服申立てをすべき行政庁及び不服申立てをすることができる期間につき教示を求められたときは、当該事項を教示しなければならない。

3　前項の場合において、教示を求めた者が書面による教示を求めたときは、当該教示は、書面でしなければならない。

◇税理士法

（税理士の業務）

第二条　税理士は、他人の求めに応じ、租税（印紙税、登録免許税、関税、法定外普通税（地方税法第十三条の三第四項に規定する道府県法定外普通税及び市町村法定外普通税をいう。）、その他法定外目的税（同項に規定する法定外目的税をいう。）その他の政令で定めるものを除く。以下同じ。）に関し、次に掲げる事務を行うことを業とする。

一　税務代理（税務官公署（税関官署を除くものとし、国税不服審判所を含むものとする。以下同じ。）に対する租税に関する法令若しくは行政不服審査法の規定に基づく申告、申請、請求若しくは不服申立て（これらに準ずるものとして政令で定める行為を含むものとし、酒税法第二章の規定に係る申告、申請及び不服申立てを除くものとする。以下「申告等」という。）につき、又は当該申告等若しくは税務官公署の調査若しくは処分に関し税務官公署に対してする主張若しくは陳述につき、代理し、又は代行すること（次号の税務書類の作成にとどまるものを除く。）をいう。）

二　税務書類の作成（税務官公署に対する申告等に係る申告書、申請書、請求書、不服申立書その他租税に関する法令の規定に基づき、作成し、かつ、税務官公署に提出する書類（その作成に代えて電磁的記録（電子的方式、磁気的方式その他の人の知覚によつては認識することができない方式で作られる記録であつて、電子計算機による情報処理の用に供されるものをいう。第三十四条において同じ。）を作成する場合における当該電磁的記録を含む。以下同じ。）で財務省令で定めるもの（以下「申告書等」という。）を作成することをいう。）

三　税務相談（税務官公署に対する申告等、第一号に規定する主張若しくは陳述又は申告書等の作成に関し、租税の課税標準等（国税通則法第二条第六号イからヘまでに掲げる事項及び地方税に係るこれらに相当するものをいう。以下同じ。）の計算に関する事項について相談に応ずることをいう。）

2　税理士は、前項に規定する業務（以下「税理士業務」という。）のほか、税理士の名称を用いて、他人の求めに応じ、税理士業務に付随して、財務書類の作成、会計帳簿の記帳の代行その他財務に関する事務を業として行うことができる。ただし、他の法律においてその事務を業として行うことが制限されている事項については、この限りでない。

3　前二項の規定は、税理士が他の税理士又は税理士法人（第四十八条の二に規定する税理士法人をいう。次章、第四章及び第五章において同じ。）の補助者としてこれらの項の業務に従事することを妨げない。

第二条の二　税理士は、租税に関する事項について、裁判所において、補佐人として、弁護士である訴訟代理人とともに出頭し、陳述をすることができる。

2　前項の陳述は、当事者又は訴訟代理人が自らしたものとみなす。ただし、当事者又は訴訟代理人が同項の陳述を直ちに取り消し、又は更正したときは、この限りでない。

（行政書士等が行う税務書類の作成）

第五十一条の二　行政書士又は行政書士法人は、それぞれ行政書士又は行政書士法人の名称を用いて、他人の求めに応じ、ゴルフ場利用税、自動車税、軽自動車税、自動車取得税、事業所税その他政令で定める租税に関し税務書類の作成を業として行うことができる。

（税理士業務の制限）
第五十二条　税理士又は税理士法人でない者は、この法律に別段の定めがある場合を除くほか、税理士業務を行つてはならない。

◇司法書士法

（業務）
第三条　司法書士は、この法律の定めるところにより、他人の依頼を受けて、次に掲げる事務を行うことを業とする。
一　登記又は供託に関する手続について代理すること。
二　法務局又は地方法務局に提出し、又は提供する書類又は電磁的記録（電子的方式、磁気的方式その他人の知覚によつては認識することができない方式で作られる記録であつて、電子計算機による情報処理の用に供されるものをいう。第四号において同じ。）を作成すること。ただし、同号に掲げる事務を除く。
三　法務局又は地方法務局の長に対する登記又は供託に関する審査請求の手続について代理すること。
四　裁判所若しくは検察庁に提出する書類又は筆界特定の手続（不動産登記法第六章第二節の規定による筆界特定の手続又は筆界特定の申請の却下に関する審査請求の手続をいう。第八号において同じ。）において法務局若しくは地方法務局に提出し若しくは提供する書類若しくは電磁的記録を作成すること。
五　前各号の事務について相談に応ずること。
六　簡易裁判所における次に掲げる手続について代理すること。ただし、上訴の提起（自ら代理人として手続に関与している事件の判決、決定又は命令に係るものを除く。）、再審及び強制執行に関する事項（ホに掲げる手続を除く。）については、代理することができない。
イ　民事訴訟法の規定による手続（ロに規定する手続及び訴えの提起前における証拠保全手続を除く。）であつて、訴訟の目的の価額が裁判所法第三十三条第一項第一号に定める額を超えないもの
ロ　民事訴訟法第二百七十五条の規定による和解の手続又は同法第七編の規定による支払督促の手続であつて、請求の目的の価額が裁判所法第三十三条第一項第一号に定める額を超えないもの
ハ　民事訴訟法第二編第四章第七節の規定による訴えの提起前における証拠保全手続又は民事保全法の規定による手続であつて、本案の訴訟の目的の価額が裁判所法第三十三条第一項第一号に定める額を超えないもの
ニ　民事調停法の規定による手続であつて、調停を求める事項の価額が裁判所法第三十三条第一項第一号に定める額を超えないもの
ホ　民事執行法第二章第二節第四款第二目の規定による少額訴訟債権執行の手続であつて、請求の価額が裁判所法第三十三条第一項第一号に定める額を超えないもの
七　民事に関する紛争（簡易裁判所における民事訴訟法の規定による訴訟手続の対象となるものに限る。）であつて

紛争の目的の価額が裁判所法第三十三条第一項第一号に定める額を超えないものについて、相談に応じ、又は仲裁事件の手続若しくは裁判外の和解について代理すること。

八　筆界特定の手続であつて対象土地（不動産登記法第百二十三条第三号に規定する対象土地をいう。）の価額として法務省令で定める方法により算定される額の合計額の二分の一に相当する額に筆界特定によつて通常得られることとなる利益の割合として法務省令で定める割合を乗じて得た額が裁判所法第三十三条第一項第一号に定める額を超えないものについて、相談に応じ、又は代理すること。

2　前項第六号から第八号までに規定する業務（以下「簡裁訴訟代理等関係業務」という。）は、次のいずれにも該当する司法書士に限り、行うことができる。

一　簡裁訴訟代理等関係業務について法務省令で定める法人が実施する研修であつて法務大臣が指定するものの課程を修了した者であること。

二　前号に規定する者の申請に基づき法務大臣が簡裁訴訟代理等関係業務を行うのに必要な能力を有すると認定した者であること。

三　司法書士会の会員であること。

3　法務大臣は、次のいずれにも該当するものと認められる研修についてのみ前項第一号の指定をするものとする。

一　研修の内容が、簡裁訴訟代理等関係業務を行うのに必要な能力の習得に十分なものとして法務省令で定める基準を満たすものであること。

二　研修の実施に関する計画が、その適正かつ確実な実施のために適切なものであること。

三　研修を実施する法人が、前号の計画を適正かつ確実に遂行するに足りる専門的能力及び経理的基礎を有するものであること。

4　法務大臣は、第二項第一号の研修の適正かつ確実な実施を確保するために必要な限度において、当該研修を実施する法人に対し、当該研修に関して、必要な報告若しくは資料の提出を求め、又は必要な命令をすることができる。

5　司法書士は、第二項第二号の規定による認定を受けようとするときは、政令で定めるところにより、手数料を納めなければならない。

6　第二項に規定する司法書士は、民事訴訟法第五十四条第一項本文（民事保全法第七条又は民事執行法第二十条において準用する場合を含む。）の規定にかかわらず、第一項第六号イからハまで又はホに掲げる手続における訴訟代理人又は代理人となることができる。

7　第二項に規定する司法書士であつて第一項第六号イ及びロに掲げる手続において訴訟代理人になつたものは、民事訴訟法第五十五条第一項の規定にかかわらず、委任を受けた事件について、強制執行に関する訴訟行為をすることができない。ただし、第二項に規定する司法書士であつて第一項第六号イに掲げる手続のうち少額訴訟の手続において訴訟代理人になつたものが同号ホに掲げる手続についてする訴訟行為については、この限りでない。

8　司法書士は、第一項に規定する業務であつても、その業務を行うことが他の法律において制限されているものについては、これを行うことができない。

（依頼に応ずる義務）

第二十一条　司法書士は、正当な事由がある場合でなければ依頼（簡裁訴訟代理等関係業務に関するものを除く。）を拒むことができない。

◇土地家屋調査士法

（業務）

第三条　調査士は、他人の依頼を受けて、次に掲げる事務を行うことを業とする。

一　不動産の表示に関する登記について必要な土地又は家屋に関する調査又は測量

二　不動産の表示に関する登記の申請手続又はこれに関する審査請求の手続についての代理

三　不動産の表示に関する登記の申請手続又はこれに関する審査請求の手続について法務局又は地方法務局に提出し、又は提供する書類又は電磁的記録（電子的方式、磁気的方式その他人の知覚によつては認識することができない方式で作られる記録であつて、電子計算機による情報処理の用に供されるものをいう。第五号において同じ。）の作成

四　筆界特定の手続（不動産登記法第六章第二節の規定による筆界特定の手続又は筆界特定の申請の却下に関する審査請求の手続をいう。次号において同じ。）についての代理

五　筆界特定の手続について法務局又は地方法務局に提出し、又は提供する書類又は電磁的記録の作成

六　前各号に掲げる事務についての相談

七　土地の筆界（不動産登記法第百二十三条第一号に規定する筆界をいう。第二十五条第二項において同じ。）が現地において明らかでないことを原因とする民事に関する紛争に係る民間紛争解決手続（民間事業者が、紛争の当事者が和解をすることができる民事上の紛争について、紛争の当事者双方からの依頼を受け、当該紛争の当事者との間の契約に基づき、和解の仲介を行う裁判外紛争解決手続（訴訟手続によらずに民事上の紛争の解決をしようとする紛争の当事者のため、公正な第三者が関与して、その解決を図る手続をいう。）をいう。）であつて当該紛争の解決の業務を公正かつ適確に行うことができると認められる団体として法務大臣が指定するものが行うものについての代理

八　前号に掲げる事務についての相談

2　前項第七号及び第八号に規定する業務（以下「民間紛争解決手続代理関係業務」という。）は、次のいずれにも該当する調査士に限り、行うことができる。この場合において、同項第七号に規定する業務は、弁護士が同一の依頼者から受任して

いる事件に限り、行うことができる。
一　民間紛争解決手続代理関係業務について法務省令で定める法人が実施する研修であつて法務大臣が指定するものの課程を修了した者であること。
二　前号に規定する者の申請に基づき法務大臣が民間紛争解決手続代理関係業務を行うのに必要な能力を有すると認定した者であること。
三　土地家屋調査士会（以下「調査士会」という。）の会員であること。
3　法務大臣は、次のいずれにも該当するものと認められる研修についてのみ前項第一号の指定をするものとする。
一　研修の内容が、民間紛争解決手続代理関係業務を行うのに必要な能力の習得に十分なものとして法務省令で定める基準を満たすものであること。
二　研修の実施に関する計画が、その適正かつ確実な実施のために適切なものであること。
三　研修を実施する法人が、前号の計画を適正かつ確実に遂行するに足りる専門的能力及び経理的基礎を有するものであること。
4　法務大臣は、第二項第一号の研修の適正かつ確実な実施を確保するために必要な限度において、当該研修を実施する法人に対し、当該研修に関して、必要な報告若しくは資料の提出を求め、又は必要な命令をすることができる。
5　調査士は、第二項第二号の規定による認定を受けようとするときは、政令で定めるところにより、手数料を納めなければならない。

（依頼に応ずる義務）

第二十二条　調査士は、正当な事由がある場合でなければ、依頼（第三条第一項第四号及び第六号（第四号に関する部分に限る。）に規定する業務並びに民間紛争解決手続代理関係業務に関するものを除く。）を拒んではならない。

（業務）

第六十四条　協会は、第六十三条第一項に規定する目的を達成するため、官公署等の依頼を受けて、第三条第一項第一号から第三号までに掲げる事務（同項第二号及び第三号に掲げる事務にあつては、同項第一号に掲げる調査又は測量を必要とする申請手続に関するものに限る。）及びこれらの事務に関する同項第六号に掲げる事務を行うことをその業務とする。
2　協会は、その業務に係る前項に規定する事務を、調査士会に入会している調査士又は調査士法人でない者に取り扱わせてはならない。

（非調査士等の取締り）

第六十八条　調査士会に入会している調査士又は調査士法人でない者（協会を除く。）は、第三条第一項第一号から第五号までに掲げる事務（同項第二号及び第三号に掲げる事務にあつては、同項第一号に掲げる調査又は測量を必要とする申請手続に関するものに限る。）又はこれらの事務に関する同項第六号に掲げる事務を行うことを業とすることができない。ただし、弁護士若しくは弁護士法人が同項第二号から第五号までに掲げる事務（同項第二号及び第三号に掲げる事務にあつては、同項第一号に掲げる調査又は測量を必要とする申請手続に関する審査請求の手続に関するものに限る。）若しくはこれらの事務に関する同項第六号に掲げる事務を行う場合又は司法書士法第三条第二項に規定する司法書士若しくは同項に規定する簡裁訴訟代理等関係業務を行うことを目的とする司法書士法人が第三条第一項第四号若しくは第五号に掲げる事務（同法第三条第一項第八号に規定する筆界特定の手続に係るものに限る。）若しくはこれらの事務に関する第三条第一項第六号に掲げる事務を行う場合は、この限りでない。

２　協会は、その業務の範囲を超えて、第六十四条第一項に規定する事務を行うことを業とすることができない。

３　調査士でない者は、土地家屋調査士又はこれに紛らわしい名称を用いてはならない。

４　調査士法人でない者は、土地家屋調査士法人又はこれに紛らわしい名称を用いてはならない。

５　協会でない者は、公共嘱託登記土地家屋調査士協会又はこれに紛らわしい名称を用いてはならない。

◇社会保険労務士法

（社会保険労務士の業務）

第二条　社会保険労務士は、次の各号に掲げる事務を行うことを業とする。

一　別表第一に掲げる労働及び社会保険に関する法令（以下「労働社会保険諸法令」という。）に基づいて申請書等（行政機関等に提出する申請書、届出書、報告書、審査請求書、異議申立書、再審査請求書その他の書類（その作成に代えて電磁的記録（電子的方式、磁気的方式その他人の知覚によつては認識できない方式で作られる記録であつて、電子計算機による情報処理の用に供されるものをいう。以下同じ。）を作成する場合における当該電磁的記録を含む。）をいう。以下同じ。）を作成すること。

一の二　申請書等について、その提出に関する手続を代わつてすること。

一の三　労働社会保険諸法令に基づく申請、届出、報告、審査請求、異議申立て、再審査請求その他の事項（厚生労働省令で定めるものに限る。以下この号において「申請等」という。）について、又は当該申請等に係る行政機関等の調査若しくは処分に関し当該行政機関等に対してする主張若しくは陳述（厚生労働省令で定めるものを除く。）について、代理すること（第二十五条の二第一項において「事務代理」という。）。

一の四　個別労働関係紛争の解決の促進に関する法律第六条第一項の紛争調整委員会における同法第五条第一項のあつせんの手続並びに雇用の分野における男女の均等な機会及び待遇の確保等に関する法律第十八条第一項、育児休業、介護休業等育児又は家族介護を行う労働者の福祉に関する法律第五十二条の五第一項及び短時間労働者の雇用管理の改善等に関する法律第二十二条第一項の調停の手続について、紛争の当事者を代理すること。

一の五　地方自治法第百八十条の二の規定に基づく都道府県

知事の委任を受けて都道府県労働委員会が行う個別労働関係紛争（個別労働関係紛争の解決の促進に関する法律第一条に規定する個別労働関係紛争（労働関係調整法第六条に規定する労働争議に当たる紛争及び特定独立行政法人等の労働関係に関する法律第二十六条第一項に規定する紛争並びに労働者の募集及び採用に関する事項についての紛争を除く。）をいう。以下単に「個別労働関係紛争」という。）に関するあつせんの手続について、紛争の当事者を代理すること。

一の六　個別労働関係紛争（紛争の目的の価額が民事訴訟法第三百六十八条第一項に定める額を超える場合には、弁護士が同一の依頼者から受任しているものに限る。）に関する民間紛争解決手続（裁判外紛争解決手続の利用の促進に関する法律第二条第一号に規定する民間紛争解決手続をいう。以下この条において同じ。）であつて、個別労働関係紛争の民間紛争解決手続の業務を公正かつ適確に行うことができると認められる団体として厚生労働大臣が指定するものが行うものについて、紛争の当事者を代理すること。

二　労働社会保険諸法令に基づく帳簿書類（その作成に代えて電磁的記録を作成する場合における当該電磁的記録を含み、申請書等を除く。）を作成すること。

三　事業における労務管理その他の労働に関する事項及び労働社会保険諸法令に基づく社会保険に関する事項について相談に応じ、又は指導すること。

2　前項第一号の四から第一号の六までに掲げる業務（以下「紛争解決手続代理業務」という。）は、紛争解決手続代理業務試験に合格し、かつ、第十四条の十一の三第一項の規定による付記を受けた社会保険労務士（以下「特定社会保険労務士」という。）に限り、行うことができる。

3　紛争解決手続代理業務には、次に掲げる事務が含まれる。

一　第一項第一号の四のあつせんの手続及び調停の手続、同項第一号の五のあつせんの手続並びに同項第一号の六の厚生労働大臣が指定する団体が行う民間紛争解決手続（以下この項において「紛争解決手続」という。）について相談に応ずること。

二　紛争解決手続の開始から終了に至るまでの間に和解の交渉を行うこと。

三　紛争解決手続により成立した和解における合意を内容とする契約を締結すること。

4　第一項各号に掲げる事務には、その事務を行うことが他の法律において制限されている事務並びに労働社会保険諸法令に基づく療養の給付及びこれに相当する給付の費用についてこれらの給付を担当する者のなす請求に関する事務は含まれない。

◇行政書士法（全文、付則を除く）

（昭和二六年二月二二日法律第四号）

最終改正：平成二三年六月二四日法律第七四号

第一章　総則（第一条―第二条の二）

第二章　行政書士試験（第三条―第五条）

◇行政書士法（全文、付則を除く）

第三章　登録（第六条―第七条の三）
第四章　行政書士の義務（第八条―第十三条の二）
第五章　行政書士法人（第十三条の三―第十三条の二十一）
第六章　監督（第十三条の二十二―第十四条の五）
第七章　行政書士会及び日本行政書士会連合会（第十五条―第十八条の六）
第八章　雑則（第十九条―第二十条）
第九章　罰則（第二十条の二―第二十六条）
附則

第一章　総則

（目的）

第一条　この法律は、行政書士の制度を定め、その業務の適正を図ることにより、行政に関する手続の円滑な実施に寄与し、あわせて、国民の利便に資することを目的とする。

（業務）

第一条の二　行政書士は、他人の依頼を受け報酬を得て、官公署に提出する書類（その作成に代えて電磁的記録（電子的方式、磁気的方式その他人の知覚によつては認識することができない方式で作られる記録であつて、電子計算機による情報処理の用に供されるものをいう。以下同じ。）を作成する場合における当該電磁的記録を含む。以下この条及び次条において同じ。）その他権利義務又は事実証明に関する書類（実地調査に基づく図面類を含む。）を作成することを業とする。

2　行政書士は、前項の書類の作成であつても、その業務を行うことが他の法律において制限されているものについては、業務を行うことができない。

第一条の三　行政書士は、前条に規定する業務のほか、他人の依頼を受け報酬を得て、次に掲げる事務を業とすることができる。ただし、他の法律においてその業務を行うことが制限されている事項については、この限りでない。

一　前条の規定により行政書士が作成することができる官公署に提出する書類を官公署に提出する手続及び当該官公署に提出する書類に係る許認可等（行政手続法（平成五年法律第八十八号）第二条第三号に規定する許認可等及び当該書類の受理をいう。）に関して行われる聴聞又は弁明の機会の付与の手続その他の意見陳述のための手続において当該官公署に対してする行為（弁護士法（昭和二十四年法律第二百五号）第七十二条に規定する法律事件に関する法律事務に該当するものを除く。）について代理すること。

二　前条の規定により行政書士が作成することができる契約その他に関する書類を代理人として作成すること。

三　前条の規定により行政書士が作成することができる書類の作成について相談に応ずること。

第一条の四　前二条の規定は、行政書士が他の行政書士又は行政書士法人（第十三条の三に規定する行政書士法人をいう。第八条第一項において同じ。）の使用人として前二条に規定する業務に従事することを妨げない。

（資格）

第二条　次の各号のいずれかに該当する者は、行政書士となる資格を有する。
一　行政書士試験に合格した者
二　弁護士となる資格を有する者
三　弁理士となる資格を有する者
四　公認会計士となる資格を有する者
五　税理士となる資格を有する者
六　国又は地方公共団体の公務員として行政事務を担当した期間及び特定独立行政法人（独立行政法人通則法（平成十一年法律第百三号）第二条第二項に規定する特定独立行政法人をいう。以下同じ。）又は特定地方独立行政法人（地方独立行政法人法（平成十五年法律第百十八号）第二条第二項に規定する特定地方独立行政法人をいう。以下同じ。）の役員又は職員として行政事務に相当する事務を担当した期間が通算して二十年以上（学校教育法（昭和二十二年法律第二十六号）による高等学校を卒業した者その他同法第九十条に規定する者にあつては十七年以上）になる者

（欠格事由）
第二条の二　次の各号のいずれかに該当する者は、前条の規定にかかわらず、行政書士となる資格を有しない。
一　未成年者
二　成年被後見人又は被保佐人
三　破産者で復権を得ないもの
四　禁錮以上の刑に処せられた者で、その執行を終わり、又は執行を受けることがなくなつてから三年を経過しないもの
五　公務員（特定独立行政法人又は特定地方独立行政法人の役員又は職員を含む。）で懲戒免職の処分を受け、当該処分の日から三年を経過しない者
六　第六条の五第一項の規定により登録の取消しの処分を受け、当該処分の日から三年を経過しない者
七　第十四条の規定により業務の禁止の処分を受け、当該処分の日から三年を経過しない者
八　懲戒処分により、弁護士会から除名され、公認会計士の登録の抹消の処分を受け、弁理士、税理士、司法書士若しくは土地家屋調査士の業務を禁止され、又は社会保険労務士の失格処分を受けた者で、これらの処分を受けた日から三年を経過しない者

第二章　行政書士試験

（行政書士試験）
第三条　行政書士試験は、総務大臣が定めるところにより、行政書士の業務に関し必要な知識及び能力について、毎年一回以上行う。
2　行政書士試験の施行に関する事務は、都道府県知事が行う。

（指定試験機関の指定）
第四条　都道府県知事は、総務大臣の指定する者（以下「指定試験機関」という。）に、行政書士試験の施行に関する事務（総務省令で定めるものを除く。以下「試験事務」という。）を

行わせることができる。

2　前項の規定による指定は、総務省令で定めるところにより、試験事務を行おうとする者の申請により行う。

3　都道府県知事は、第一項の規定により指定試験機関に試験事務を行わせるときは、試験事務を行わないものとする。

（指定の基準）

第四条の二　総務大臣は、前条第二項の規定による申請が次の要件を満たしていると認めるときでなければ、同条第一項の規定による指定をしてはならない。

一　職員、設備、試験事務の実施の方法その他の事項についての試験事務の実施に関する計画が試験事務の適正かつ確実な実施のために適切なものであること。

二　前号の試験事務の実施に関する計画の適正かつ確実な実施に必要な経理的及び技術的な基礎を有するものであること。

三　申請者が、試験事務以外の業務を行つている場合には、その業務を行うことによつて試験事務が不公正になるおそれがないこと。

2　総務大臣は、前条第二項の規定による申請をした者が、次の各号のいずれかに該当するときは、同条第一項の規定による指定をしてはならない。

一　一般社団法人又は一般財団法人以外の者であること。

二　第四条の十四第一項又は第二項の規定により指定を取り消され、その取消しの日から起算して二年を経過しない者であること。

三　その役員のうちに、次のいずれかに該当する者があること。

イ　この法律に違反して、刑に処せられ、その執行を終わり、又は執行を受けることがなくなつた日から起算して二年を経過しない者

ロ　第四条の五第二項の規定による命令により解任され、その解任の日から起算して二年を経過しない者

（指定の公示等）

第四条の三　総務大臣は、第四条第一項の規定による指定をしたときは、当該指定を受けた者の名称及び主たる事務所の所在地並びに当該指定をした日を公示しなければならない。

2　指定試験機関は、その名称又は主たる事務所の所在地を変更しようとするときは、変更しようとする日の二週間前までに、その旨を総務大臣に届け出なければならない。

3　総務大臣は、前項の規定による届出があつたときは、その旨を公示しなければならない。

（委任の公示等）

第四条の四　第四条第一項の規定により指定試験機関にその試験事務を行わせることとした都道府県知事（以下「委任都道府県知事」という。）は、その旨を総務大臣に報告するとともに、当該指定試験機関の名称、主たる事務所の所在地及び当該試験事務を取り扱う事務所の所在地並びに当該指定試験機関に試験事務を行わせることとした日を公示しなければならない。

2　指定試験機関は、その名称、主たる事務所の所在地又は試験事務を取り扱う事務所の所在地を変更しようとするときは、

委任都道府県知事（試験事務を取り扱う事務所の所在地については、関係委任都道府県知事）に、変更しようとする日の二週間前までに、その旨を届け出なければならない。

3　委任都道府県知事は、前項の規定による届出があつたときは、その旨を公示しなければならない。

（役員の選任及び解任）

第四条の五　指定試験機関の役員の選任及び解任は、総務大臣の認可を受けなければ、その効力を生じない。

2　総務大臣は、指定試験機関の役員が、この法律（この法律に基づく命令又は処分を含む。）若しくは第四条の八第一項の試験事務規程に違反する行為をしたとき、又は試験事務に関し著しく不適当な行為をしたときは、指定試験機関に対し、その役員を解任すべきことを命ずることができる。

（試験委員）

第四条の六　指定試験機関は、総務省令で定める要件を備える者のうちから行政書士試験委員（以下「試験委員」という。）を選任し、試験の問題の作成及び採点を行わせなければならない。

2　指定試験機関は、試験委員を選任し、又は解任したときは、遅滞なくその旨を総務大臣に届け出なければならない。

3　前条第二項の規定は、試験委員の解任について準用する。

（指定試験機関の役員等の秘密を守る義務等）

第四条の七　指定試験機関の役員若しくは職員（試験委員を含む。第三項において同じ。）又はこれらの職にあつた者は、試験事務に関して知り得た秘密を漏らしてはならない。

2　試験委員は、試験の問題の作成及び採点について、厳正を保持し不正の行為のないようにしなければならない。

3　試験事務に従事する指定試験機関の役員及び職員は、刑法（明治四十年法律第四十五号）その他の罰則の適用については、法令により公務に従事する職員とみなす。

（試験事務規程）

第四条の八　指定試験機関は、総務省令で定める試験事務の実施に関する事項について試験事務規程を定め、総務大臣の認可を受けなければならない。これを変更しようとするときも、同様とする。

2　指定試験機関は、前項後段の規定により試験事務規程を変更しようとするときは、委任都道府県知事の意見を聴かなければならない。

3　総務大臣は、第一項の規定により認可をした試験事務規程が試験事務の適正かつ確実な実施上不適当となつたと認めるときは、指定試験機関に対し、これを変更すべきことを命ずることができる。

（事業計画等）

第四条の九　指定試験機関は、毎事業年度、事業計画及び収支予算を作成し、当該事業年度の開始前に（第四条第一項の規定による指定を受けた日の属する事業年度にあつては、その指定を受けた後遅滞なく）、総務大臣の認可を受けなければならない。これを変更しようとするときも、同様とする。

2　指定試験機関は、事業計画及び収支予算を作成し、又は変更しようとするときは、委任都道府県知事の意見を聴かなければならない。

３　指定試験機関は、毎事業年度、事業報告書及び収支決算書を作成し、当該事業年度の終了後三月以内に、総務大臣及び委任都道府県知事に提出しなければならない。

（試験事務に関する帳簿の備付け及び保存）

第四条の十　指定試験機関は、総務省令で定めるところにより、試験事務に関する事項で総務省令で定めるものを記載した帳簿を備え、保存しなければならない。

（監督命令等）

第四条の十一　総務大臣は、試験事務の適正な実施を確保するため必要があると認めるときは、指定試験機関に対し、試験事務に関し監督上必要な命令をすることができる。

２　委任都道府県知事は、その行わせることとした試験事務の適正な実施を確保するため必要があると認めるときは、指定試験機関に対し、当該試験事務の適正な実施のために必要な措置をとるべきことを指示することができる。

（報告の徴収及び立入検査）

第四条の十二　総務大臣は、試験事務の適正な実施を確保するため必要があると認めるときは、指定試験機関に対し、試験事務の状況に関し必要な報告を求め、又はその職員に、指定試験機関の事務所に立ち入り、試験事務の状況若しくは設備、帳簿、書類その他の物件を検査させることができる。

２　委任都道府県知事は、その行わせることとした試験事務の適正な実施を確保するため必要があると認めるときは、指定試験機関に対し、当該試験事務の状況に関し必要な報告を求め、又はその職員に、当該試験事務を取り扱う指定試験機関の事務所に立ち入り、当該試験事務の状況若しくは設備、帳簿、書類その他の物件を検査させることができる。

３　前二項の規定により立入検査をする職員は、その身分を示す証明書を携帯し、関係人の請求があつたときは、これを提示しなければならない。

４　第一項又は第二項の規定による立入検査の権限は、犯罪捜査のために認められたものと解釈してはならない。

（試験事務の休廃止）

第四条の十三　指定試験機関は、総務大臣の許可を受けなければ、試験事務の全部又は一部を休止し、又は廃止してはならない。

２　総務大臣は、指定試験機関の試験事務の全部又は一部の休止又は廃止により試験事務の適正かつ確実な実施が損なわれるおそれがないと認めるときでなければ、前項の規定による許可をしてはならない。

３　総務大臣は、第一項の規定による許可をしようとするときは、関係委任都道府県知事の意見を聴かなければならない。

４　総務大臣は、第一項の規定による許可をしたときは、その旨を、関係委任都道府県知事に通知するとともに、公示しなければならない。

（指定の取消し等）

第四条の十四　総務大臣は、指定試験機関が第四条の二第二項第一号又は第三号に該当するに至つたときは、その指定を取り消さなければならない。

２　総務大臣は、指定試験機関が次の各号のいずれかに該当するときは、その指定を取り消し、又は期間を定めて試験事務の全部若しくは一部の停止を命ずることができる。
一　第四条の二第一項各号の要件を満たさなくなつたと認められるとき。
二　第四条の六第一項、第四条の九第一項若しくは第三項、第四条の十又は前条第一項の規定に違反したとき。
三　第四条の五第二項（第四条の六第三項において準用する場合を含む。）、第四条の八第三項又は第四条の十一第一項の規定による命令に違反したとき。
四　第四条の八第一項の規定により認可を受けた試験事務規程によらないで試験事務を行つたとき。
五　不正な手段により第四条第一項の規定による指定を受けたとき。
３　総務大臣は、前二項の規定により指定を取り消し、又は前項の規定により試験事務の全部若しくは一部の停止を命じたときは、その旨を、関係委任都道府県知事に通知するとともに、公示しなければならない。

（委任の撤回の通知等）
第四条の十五　委任都道府県知事は、指定試験機関に試験事務を行わせないこととするときは、その三月前までに、その旨を指定試験機関に通知しなければならない。
２　委任都道府県知事は、指定試験機関に試験事務を行わせないこととしたときは、その旨を、総務大臣に報告するとともに、公示しなければならない。

（委任都道府県知事による試験事務の実施）
第四条の十六　委任都道府県知事は、指定試験機関が第四条の十三第一項の規定により試験事務の全部若しくは一部を休止したとき、総務大臣が第四条の十四第二項の規定により指定試験機関に対し試験事務の全部若しくは一部の停止を命じたとき、又は指定試験機関が天災その他の事由により試験事務の全部若しくは一部を実施することが困難となつた場合において総務大臣が必要があると認めるときは、第四条第三項の規定にかかわらず、当該試験事務の全部又は一部を行うものとする。
２　総務大臣は、委任都道府県知事が前項の規定により試験事務を行うこととなるとき、又は委任都道府県知事が同項の規定により試験事務を行うこととなる事由がなくなつたときは、速やかにその旨を当該委任都道府県知事に通知しなければならない。
３　委任都道府県知事は、前項の規定による通知を受けたときは、その旨を公示しなければならない。

（試験事務の引継ぎ等に関する総務省令への委任）
第四条の十七　前条第一項の規定により委任都道府県知事が試験事務を行うこととなつた場合、総務大臣が第四条の十三第一項の規定により試験事務の廃止を許可し、若しくは第四条の十四第一項若しくは第二項の規定により指定を取り消した場合又は委任都道府県知事が指定試験機関に試験事務を行わせないこととした場合における試験事務の引継ぎその他の必要な事項は、総務省令で定める。

（指定試験機関がした処分等に係る審査請求）

第四条の十八　指定試験機関が行う試験事務に係る処分又はその不作為については、総務大臣に対し、行政不服審査法（昭和三十七年法律第百六十号）による審査請求をすることができる。

（手数料）

第四条の十九　都道府県は、地方自治法（昭和二十二年法律第六十七号）第二百二十七条の規定に基づき行政書士試験に係る手数料を徴収する場合においては、第四条第一項の規定により指定試験機関が行う行政書士試験を受けようとする者に、条例で定めるところにより、当該手数料を当該指定試験機関へ納めさせ、その収入とすることができる。

第五条　削除

第三章　登　録

（登録）

第六条　行政書士となる資格を有する者が、行政書士となるには、行政書士名簿に、住所、氏名、生年月日、事務所の名称及び所在地その他日本行政書士会連合会の会則で定める事項の登録を受けなければならない。

2　行政書士名簿は、日本行政書士会連合会に備える。

3　行政書士名簿の登録は、日本行政書士会連合会が行う。

（登録の申請及び決定）

第六条の二　前条第一項の規定による登録を受けようとする者は、行政書士となる資格を有することを証する書類を添えて、日本行政書士会連合会に対し、その事務所の所在地の属する都道府県の区域に設立されている行政書士会を経由して、登録の申請をしなければならない。

2　日本行政書士会連合会は、前項の規定による登録の申請を受けた場合において、当該申請者が行政書士となる資格を有し、かつ、次の各号に該当しない者であると認めたときは行政書士名簿に登録し、当該申請者が行政書士となる資格を有せず、又は次の各号の一に該当する者であると認めたときは登録を拒否しなければならない。この場合において、登録を拒否しようとするときは、第十八条の四に規定する資格審査会の議決に基づいてしなければならない。

一　心身の故障により行政書士の業務を行うことができない者

二　行政書士の信用又は品位を害するおそれがある者その他行政書士の職責に照らし行政書士としての適格性を欠く者

3　日本行政書士会連合会は、前項の規定により登録を拒否しようとするときは、あらかじめ、当該申請者にその旨を通知して、相当の期間内に自ら又はその代理人を通じて弁明する機会を与えなければならない。

4　日本行政書士会連合会は、第二項の規定により登録をしたときは当該申請者に行政書士証票を交付し、同項の規定により登録を拒否したときはその旨及びその理由を当該申請者に書面により通知しなければならない。

（登録を拒否された場合等の審査請求）

第六条の三　前条第二項の規定により登録を拒否された者は、

当該処分に不服があるときは、総務大臣に対して行政不服審査法による審査請求をすることができる。

2　前条第一項の規定による登録の申請をした者は、当該申請をした日から三月を経過しても当該申請に対して何らの処分がされない場合には、当該登録を拒否されたものとして、総務大臣に対して前項の審査請求をすることができる。この場合においては、審査請求があつた日に日本行政書士会連合会が同条第二項の規定により当該登録を拒否したものとみなす。

3　前二項の規定による審査請求が理由があるときは、総務大臣は、日本行政書士会連合会に対して相当の処分をすべき旨を命じなければならない。

（変更登録）

第六条の四　行政書士は、第六条第一項の規定により登録を受けた事項に変更を生じたときは、遅滞なく、所属する行政書士会を経由して、日本行政書士会連合会に変更の登録を申請しなければならない。

（登録の取消し）

第六条の五　日本行政書士会連合会は、行政書士の登録を受けた者が、偽りその他不正の手段により当該登録を受けたことが判明したときは、当該登録を取り消さなければならない。

2　日本行政書士会連合会は、前項の規定により登録を取り消したときは、その旨及びその理由を当該処分を受ける者に書面により通知しなければならない。

3　第六条の二第二項後段並びに第六条の三第一項及び第三項の規定は、第一項の規定による登録の取消しに準用する。

（登録の抹消）

第七条　日本行政書士会連合会は、行政書士の登録を受けた者が次の各号のいずれかに該当する場合には、その登録を抹消しなければならない。

一　第二条の二第二号から第五号まで、第七号又は第八号に掲げる事由のいずれかに該当するに至つたとき。

二　その業を廃止しようとする旨の届出があつたとき。

三　死亡したとき。

四　前条第一項の規定による登録の取消しの処分を受けたとき。

2　日本行政書士会連合会は、行政書士の登録を受けた者が次の各号のいずれかに該当する場合には、その登録を抹消することができる。

一　引き続き二年以上行政書士の業務を行わないとき。

二　心身の故障により行政書士の業務を行うことができないとき。

3　第六条の二第二項後段、第六条の三第一項及び第三項並びに前条第二項の規定は、前項の規定による登録の抹消に準用する。

（行政書士証票の返還）

第七条の二　行政書士の登録が抹消されたときは、その者、その法定代理人又はその相続人は、遅滞なく、行政書士証票を日本行政書士会連合会に返還しなければならない。行政書士が第十四条の規定により業務の停止の処分を受けた場合においても、また同様とする。

２　日本行政書士会連合会は、前項後段の規定に該当する行政書士が、行政書士の業務を行うことができることとなつたときは、その申請により、行政書士証票をその者に再交付しなければならない。

（登録の細目）

第七条の三　この法律に定めるもののほか、登録の申請、登録の取消し、登録の抹消、行政書士名簿、行政書士証票その他登録に関し必要な事項は、日本行政書士会連合会の会則で定める。

第四章　行政書士の義務

（事務所）

第八条　行政書士（行政書士の使用人である行政書士又は行政書士法人の社員若しくは使用人である行政書士（第三項において「使用人である行政書士等」という。）を除く。次項、次条、第十条の二及び第十一条において同じ。）は、その業務を行うための事務所を設けなければならない。

２　行政書士は、前項の事務所を二以上設けてはならない。

３　使用人である行政書士等は、その業務を行うための事務所を設けてはならない。

（帳簿の備付及び保存）

第九条　行政書士は、その業務に関する帳簿を備え、これに事件の名称、年月日、受けた報酬の額、依頼者の住所氏名その他都道府県知事の定める事項を記載しなければならない。

２　行政書士は、前項の帳簿をその関係書類とともに、帳簿閉鎖の時から二年間保存しなければならない。行政書士でなくなつたときも、また同様とする。

（行政書士の責務）

第十条　行政書士は、誠実にその業務を行なうとともに、行政書士の信用又は品位を害するような行為をしてはならない。

（報酬の額の掲示等）

第十条の二　行政書士は、その事務所の見やすい場所に、その業務に関し受ける報酬の額を掲示しなければならない。

２　行政書士会及び日本行政書士会連合会は、依頼者の選択及び行政書士の業務の利便に資するため、行政書士がその業務に関し受ける報酬の額について、統計を作成し、これを公表するよう努めなければならない。

（依頼に応ずる義務）

第十一条　行政書士は、正当な事由がある場合でなければ、依頼を拒むことができない。

（秘密を守る義務）

第十二条　行政書士は、正当な理由がなく、その業務上取り扱つた事項について知り得た秘密を漏らしてはならない。行政書士でなくなつた後も、また同様とする。

（会則の遵守義務）

第十三条　行政書士は、その所属する行政書士会及び日本行政書士会連合会の会則を守らなければならない。

（研修）

第十三条の二　行政書士は、その所属する行政書士会及び日本行政書士会連合会が実施する研修を受け、その資質の向上を図るように努めなければならない。

第五章　行政書士法人

（設立）

第十三条の三　行政書士は、この章の定めるところにより、行政書士法人（第一条の二及び第一条の三に規定する業務を組織的に行うことを目的として、行政書士が共同して設立した法人をいう。以下同じ。）を設立することができる。

（名称）

第十三条の四　行政書士法人は、その名称中に行政書士法人という文字を使用しなければならない。

（社員の資格）

第十三条の五　行政書士法人の社員は、行政書士でなければならない。

2　次に掲げる者は、社員となることができない。

一　第十四条の規定により業務の停止の処分を受け、当該業務の停止の期間を経過しない者

二　第十四条の二第一項の規定により行政書士法人が解散又は業務の全部の停止の処分を受けた場合において、その処分を受けた日以前三十日内にその社員であつた者でその処分を受けた日から三年（業務の全部の停止の処分を受けた場合にあつては、当該業務の全部の停止の期間）を経過しないもの

（業務の範囲）

第十三条の六　行政書士法人は、第一条の二及び第一条の三に規定する業務を行うほか、定款で定めるところにより、法令等に基づき行政書士が行うことができる業務のうちこれらの条に規定する業務に準ずるものとして総務省令で定める業務の全部又は一部を行うことができる。ただし、当該総務省令で定める業務を行うことができる行政書士に関し法令上の制限がある場合における当該業務（以下「特定業務」という。）については、社員のうちに当該特定業務を行うことができる行政書士がある行政書士法人に限り、行うことができる。

（登記）

第十三条の七　行政書士法人は、政令で定めるところにより、登記をしなければならない。

2　前項の規定により登記をしなければならない事項は、登記の後でなければ、これをもつて第三者に対抗することができない。

（設立の手続）

第十三条の八　行政書士法人を設立するには、その社員となろうとする行政書士が、共同して定款を定めなければならない。

2　会社法（平成十七年法律第八十六号）第三十条第一項の規定は、行政書士法人の定款について準用する。

3　定款には、少なくとも次に掲げる事項を記載しなければならない。

一　目的

二　名称

三　主たる事務所及び従たる事務所の所在地

四　社員の氏名、住所及び特定業務を行うことを目的とする

行政書士法人にあつては、当該特定業務を行うことができる行政書士である社員（以下「特定社員」という。）であるか否かの別

五　社員の出資に関する事項

（成立の時期）

第十三条の九　行政書士法人は、その主たる事務所の所在地において設立の登記をすることによつて成立する。

（成立の届出等）

第十三条の十　行政書士法人は、成立したときは、成立の日から二週間以内に、登記事項証明書及び定款の写しを添えて、その旨を、その主たる事務所の所在地の属する都道府県の区域に設立されている行政書士会（以下「主たる事務所の所在地の行政書士会」という。）を経由して、日本行政書士会連合会に届け出なければならない。

2　日本行政書士会連合会は、その会則の定めるところにより、行政書士法人名簿を作成し、その事務所に備えて置かなければならない。

（定款の変更）

第十三条の十一　行政書士法人は、定款に別段の定めがある場合を除き、総社員の同意によつて、定款の変更をすることができる。

2　行政書士法人は、定款を変更したときは、変更の日から二週間以内に、変更に係る事項を、主たる事務所の所在地の行政書士会を経由して、日本行政書士会連合会に届け出なければならない。

（業務を執行する権限）

第十三条の十二　行政書士法人の社員は、定款で別段の定めがある場合を除き、すべて業務を執行する権利を有し、義務を負う。

2　特定業務を行うことを目的とする行政書士法人における当該特定業務については、前項の規定にかかわらず、当該特定業務に係る特定社員のみが業務を執行する権利を有し、義務を負う。

（法人の代表）

第十三条の十三　行政書士法人の業務を執行する社員は、各自行政書士法人を代表する。ただし、定款又は総社員の同意によつて、業務を執行する社員のうち特に行政書士法人を代表すべきものを定めることを妨げない。

2　特定業務を行うことを目的とする行政書士法人における当該特定業務については、前項本文の規定にかかわらず、当該特定業務に係る特定社員のみが各自行政書士法人を代表する。ただし、当該特定社員の全員の同意によつて、当該特定社員のうち特に当該特定業務について行政書士法人を代表すべきものを定めることを妨げない。

3　行政書士法人を代表する社員は、定款によつて禁止されていないときに限り、特定の行為の代理を他人に委任することができる。

（社員の常駐）

第十三条の十四　行政書士法人は、その事務所に、当該事務所の所在地の属する都道府県の区域に設立されている行政書士

会の会員である社員を常駐させなければならない。

（特定業務の取扱い）

第十三条の十五　特定業務を行うことを目的とする行政書士法人は、当該特定業務に係る特定社員が常駐していない事務所においては、当該特定業務を取り扱うことができない。

（社員の競業の禁止）

第十三条の十六　行政書士法人の社員は、自己若しくは第三者のためにその行政書士法人の業務の範囲に属する業務を行い、又は他の行政書士法人の社員となつてはならない。

2　行政書士法人の社員が前項の規定に違反して自己又は第三者のためにその行政書士法人の業務の範囲に属する業務を行つたときは、当該業務によつて当該社員又は第三者が得た利益の額は、行政書士法人に生じた損害の額と推定する。

（行政書士の義務に関する規定の準用）

第十三条の十七　第八条第一項、第九条から第十一条まで及び第十三条の規定は、行政書士法人について準用する。

（法定脱退）

第十三条の十八　行政書士法人の社員は、次に掲げる理由によつて脱退する。

一　行政書士の登録の抹消

二　定款に定める理由の発生

三　総社員の同意

四　第十三条の五第二項各号のいずれかに該当することとなつたこと。

五　除名

（解散）

第十三条の十九　行政書士法人は、次に掲げる理由によつて解散する。

一　定款に定める理由の発生

二　総社員の同意

三　他の行政書士法人との合併

四　破産手続開始の決定

五　解散を命ずる裁判

六　第十四条の二第一項第三号の規定による解散の処分

2　行政書士法人は、前項の規定による場合のほか、社員が一人になり、そのなつた日から引き続き六月間その社員が二人以上にならなかつた場合においても、その六月を経過した時に解散する。

3　行政書士法人は、第一項第三号の事由以外の事由により解散したときは、解散の日から二週間以内に、その旨を、主たる事務所の所在地の行政書士会を経由して、日本行政書士会連合会に届け出なければならない。

（裁判所による監督）

第十三条の十九の二　行政書士法人の解散及び清算は、裁判所の監督に属する。

2　裁判所は、職権で、いつでも前項の監督に必要な検査をすることができる。

3　行政書士法人の解散及び清算を監督する裁判所は、行政書士法人を監督する都道府県知事に対し、意見を求め、又は調査を嘱託することができる。

4　前項に規定する都道府県知事は、同項に規定する裁判所に対し、意見を述べることができる。

（解散及び清算の監督に関する事件の管轄）

第十三条の十九の三　行政書士法人の解散及び清算の監督に関する事件は、その主たる事務所の所在地を管轄する地方裁判所の管轄に属する。

（検査役の選任）

第十三条の十九の四　裁判所は、行政書士法人の解散及び清算の監督に必要な調査をさせるため、検査役を選任することができる。

2　前項の検査役の選任の裁判に対しては、不服を申し立てることができない。

3　裁判所は、第一項の検査役を選任した場合には、行政書士法人が当該検査役に対して支払う報酬の額を定めることができる。この場合においては、裁判所は、当該行政書士法人及び検査役の陳述を聴かなければならない。

（合併）

第十三条の二十　行政書士法人は、総社員の同意があるときは、他の行政書士法人と合併することができる。

2　合併は、合併後存続する行政書士法人又は合併により設立する行政書士法人が、その主たる事務所の所在地において登記することによつて、その効力を生ずる。

3　行政書士法人は、合併したときは、合併の日から二週間以内に、登記事項証明書（合併により設立する行政書士法人にあつては、登記事項証明書及び定款の写し）を添えて、その旨を、主たる事務所の所在地の行政書士会を経由して、日本行政書士会連合会に届け出なければならない。

4　合併後存続する行政書士法人又は合併により設立する行政書士法人は、当該合併により消滅する行政書士法人の権利義務を承継する。

（債権者の異議等）

第十三条の二十の二　合併をする行政書士法人の債権者は、当該行政書士法人に対し、合併について異議を述べることができる。

2　合併をする行政書士法人は、次に掲げる事項を官報に公告し、かつ、知れている債権者には、各別にこれを催告しなければならない。ただし、第三号の期間は、一月を下ることができない。

一　合併をする旨

二　合併により消滅する行政書士法人及び合併後存続する行政書士法人又は合併により設立する行政書士法人の名称及び主たる事務所の所在地

三　債権者が一定の期間内に異議を述べることができる旨

3　前項の規定にかかわらず、合併をする行政書士法人が同項の規定による公告を、官報のほか、第六項において準用する会社法第九百三十九条第一項の規定による定款の定めに従い、同項第二号又は第三号に掲げる方法によりするときは、前項の規定による各別の催告は、することを要しない。

4　債権者が第二項第三号の期間内に異議を述べなかつたときは、当該債権者は、当該合併について承認をしたものとみなす。

5　債権者が第二項第三号の期間内に異議を述べたときは、合併をする行政書士法人は、当該債権者に対し、弁済し、若しくは相当の担保を提供し、又は当該債権者に弁済を受けさせることを目的として信託会社等（信託会社及び信託業務を営む金融機関（金融機関の信託業務の兼営等に関する法律（昭和十八年法律第四十三号）第一条第一項の認可を受けた金融機関をいう。）をいう。）に相当の財産を信託しなければならない。ただし、当該合併をしても当該債権者を害するおそれがないときは、この限りでない。

6　会社法第九百三十九条第一項（第二号及び第三号に係る部分に限る。）及び第三項、第九百四十条第一項（第三号に係る部分に限る。）及び第三項、第九百四十一条、第九百四十六条、第九百四十七条、第九百五十一条第二項、第九百五十三条並びに第九百五十五条の規定は、行政書士法人が第二項の規定による公告をする場合について準用する。この場合において、同法第九百三十九条第一項及び第三項中「公告方法」とあるのは「合併の公告の方法」と、同法第九百四十六条第三項中「商号」とあるのは「名称」と読み替えるものとする。

（合併の無効の訴え）

第十三条の二十の三　会社法第八百二十八条第一項（第七号及び第八号に係る部分に限る。）及び第二項（第七号及び第八号に係る部分に限る。）、第八百三十四条（第七号及び第八号に係る部分に限る。）、第八百三十五条第一項、第八百三十六条第二項及び第三項、第八百三十七条から第八百三十九条まで、第八百四十三条（第一項第三号及び第四号並びに第二項ただし書を除く。）並びに第八百四十六条の規定は行政書士法人の合併の無効の訴えについて、同法第八百六十八条第五項、第八百七十条第二項（第五号に係る部分に限る。）、第八百七十条の二第八百七十一条本文、第八百七十二条（第五号に係る部分に限る。）、第八百七十条の二第八百七十三条本文、第八百七十五条及び第八百七十六条の規定はこの条において準用する同法第八百四十三条第四項の申立てについて、それぞれ準用する。

（一般社団法人及び一般財団法人に関する法律及び会社法の準用等）

第十三条の二十一　一般社団法人及び一般財団法人に関する法律（平成十八年法律第四十八号）第四条並びに会社法第六百条、第六百十四条から第六百十九条まで、第六百二十一条及び第六百二十二条の規定は行政書士法人について、同法第五百八十条第一項、第五百八十一条、第五百八十二条、第五百八十五条第一項及び第四項、第五百八十六条、第五百九十三条、第五百九十五条、第五百九十六条、第五百九十九条第四項及び第五項、第六百一条、第六百五条、第六百六条、第六百九条第一項及び第二項、第六百十一条（第一項ただし書を除く。）、第六百十二条並びに第六百十三条の規定は行政書士法人の社員について、同法第五百八十九条第一項の規定は行政書士法人の社員であると誤認させる行為をした者の責任について、同法第八百五十九条から第八百六十二条までの規定は行政書士法人の社員の除名並びに業務を執行する権利及び代表権の消滅の訴えについて、それぞれ準用する。この場合において、同法第六百十三条中「商号」とあるのは「名称」と、同法第六百十五条第一項、第六百十七条第一項及び第二項並びに第六百十八条第一項第二号中「法務省令」とあるのは「総務省令」と、同法第六百十七条第三項中「電磁的記録」とあるのは「電磁的記録（行政書士法第一条の二第一項に規定する電磁的記録をいう。次条第一項第二号において同じ。）」と、同法第八百五十九条第二号中「第五百九十四条第一項（第五百九十八条第二項において準用する場合を含む。）」とあるのは「行政書士法第十三条の十六第一項」と読み替えるものとする。

2　会社法第六百四十四条（第三号を除く。）、第六百四十五条から第六百四十九条まで、第六百五十条第一項及び第二項、第六百五十一条第一項及び第二項（同法第五百九十四条の準用に係る部分を除く。）、第六百五十二条、第六百五十三条、第六百五十五条から第六百五十九条まで、第六百六十二条から第六百六十四条まで、第六百六十六条から第六百七十三条まで、第六百七十五条、第八百六十三条、第八百六十四条、第八百六十八条第一項、第八百六十九条、第八百七十条第一項（第一号及び第二号に係る部分に限る。）、第八百七十一条、第八百七十二条（第四号に係る部分に限る。）、第八百七十四条（第一号及び第四号に係る部分に限る。）、第八百七十五条並びに第八百七十六条の規定は、行政書士法人の解散及び清算について準用する。この場合において、同法第六百四十四条第一号中「第六百四十一条第五号」とあるのは「行政書士法第十三条の十九第一項第三号」と、同法第六百四十七条第三項中「第六百四十一条第四号又は第七号」とあるのは「行政書士法第十三条の十九第一項第五号若しくは第六号又は第二項」と、同法第六百五十八条第一項及び第六百六十九条中「法務省令」とあるのは「総務省令」と、同法第六百六十八条第一項及び第六百六十九条中「第六百四十一条第一号から第三号まで」とあるのは「行政書士法第十三条の十九第一項第一号又は第二号」と、同法第六百七十条第三項中「第九百三十九条第一項」とあるのは「行政書士法第十三条の二十の二第六項において準用する第九百三十九条第一項」と、同法第六百七十三条第一項中「第五百八十条」とあるのは「行政書士法第十三条の二十一第一項において準用する第五百八十条第一項」と読み替えるものとする。

3　会社法第八百二十四条、第八百二十六条、第八百六十八条第一項、第八百七十条第一項（第十号に係る部分に限る。）、第八百七十一条本文、第八百七十二条（第四号に係る部分に限る。）、第八百七十三条本文、第八百七十五条、第八百七十六条、第九百四条及び第九百三十七条第一項（第三号ロに係る部分に限る。）の規定は行政書士法人の解散の命令について、同法第八百二十五条、第八百六十八条第一項、第八百七十条第一項（第一号に係る部分に限る。）、第八百七十一条、第八百七十二条（第一号及び第四号に係る部分に限る。）、第八百七十三条、第八百七十四条（第二号及び第三号に係る部分に限る。）、第八百七十五条、第八百七十六条、第九百五条及び第九百六条の規定はこの項において準用する同法第八百二十四条第一項の申立てがあつた場合における行政書士法人の財産の保全について、それぞれ準用する。

4　会社法第八百二十八条第一項（第一号に係る部分に限

る。）及び第二項（第一号に係る部分に限る。）、第八百三十四条（第一号に係る部分に限る。）、第八百三十五条第一項、第八百三十七条から第八百三十九条まで並びに第八百四十六条の規定は、行政書士法人の設立の無効の訴えについて準用する。

5　会社法第八百三十三条第二項、第八百三十四条（第二十一号に係る部分に限る。）、第八百三十五条第一項、第八百三十七条、第八百三十八条、第八百四十六条及び第九百三十七条第一項（第一号リに係る部分に限る。）の規定は、行政書士法人の解散の訴えについて準用する。

6　清算が結了したときは、清算人は、その旨を日本行政書士会連合会に届け出なければならない。

7　破産法（平成十六年法律第七十五号）第十六条の規定の適用については、行政書士法人は、合名会社とみなす。

第六章　監　督

（立入検査）

第十三条の二十二　都道府県知事は、必要があると認めるときは、日没から日出までの時間を除き、当該職員に行政書士又は行政書士法人の事務所に立ち入り、その業務に関する帳簿及び関係書類（これらの作成又は保存に代えて電磁的記録の作成又は保存がされている場合における当該電磁的記録を含む。）を検査させることができる。

2　前項の場合においては、都道府県知事は、当該職員にその身分を証明する証票を携帯させなければならない。

3　当該職員は、第一項の立入検査をする場合においては、その身分を証明する証票を関係者に呈示しなければならない。

4　第一項の規定による立入検査の権限は、犯罪捜査のために認められたものと解釈してはならない。

（行政書士に対する懲戒）

第十四条　行政書士が、この法律若しくはこれに基づく命令、規則その他都道府県知事の処分に違反したとき又は行政書士たるにふさわしくない重大な非行があつたときは、都道府県知事は、当該行政書士に対し、次に掲げる処分をすることができる。

一　戒告

二　二年以内の業務の停止

三　業務の禁止

（行政書士法人に対する懲戒）

第十四条の二　行政書士法人が、この法律又はこの法律に基づく命令、規則その他都道府県知事の処分に違反したとき又は運営が著しく不当と認められるときは、その主たる事務所の所在地を管轄する都道府県知事は、当該行政書士法人に対し、次に掲げる処分をすることができる。

一　戒告

二　二年以内の業務の全部又は一部の停止

三　解散

2　行政書士法人が、この法律又はこの法律に基づく命令、規則その他都道府県知事の処分に違反したとき又は運営が著しく不当と認められるときは、その従たる事務所の所在地を管轄する都道府県知事は、当該行政書士法人に対し、次に掲げる処分をすることができる。ただし、当該違反等が当該従たる事務所に関するものであるときに限る。

一　戒告

二　当該都道府県の区域内にある当該行政書士法人の事務所についての二年以内の業務の全部又は一部の停止

3　都道府県知事は、前二項の規定による処分を行つたときは、総務省令で定めるところにより、当該行政書士法人の他の事務所の所在地を管轄する都道府県知事にその旨を通知しなければならない。

4　第一項又は第二項の規定による処分の手続に付された行政書士法人は、清算が結了した後においても、この条の規定の適用については、当該手続が結了するまで、なお存続するものとみなす。

5　第一項又は第二項の規定は、これらの項の規定により行政書士法人を処分する場合において、当該行政書士法人の社員につき前条に該当する事実があるときは、その社員である行政書士に対し、懲戒処分を併せて行うことを妨げるものと解してはならない。

（懲戒の手続）

第十四条の三　何人も、行政書士又は行政書士法人について第十四条又は前条第一項若しくは第二項に該当する事実があると思料するときは、当該行政書士又は当該行政書士法人の事務所の所在地を管轄する都道府県知事に対し、当該事実を通知し、適当な措置をとることを求めることができる。

2　前項の規定による通知があつたときは、同項の都道府県知事は、通知された事実について必要な調査をしなければならない。

3　都道府県知事は、第十四条第二号又は前条第一項第二号若しくは第二項第二号の処分をしようとするときは、行政手続法第十三条第一項の規定による意見陳述のための手続の区分にかかわらず、聴聞を行わなければならない。

4　前項に規定する処分又は第十四条第三号若しくは前条第一項第三号の処分に係る行政手続法第十五条第一項の通知は、聴聞の期日の一週間前までにしなければならない。

5　前項の聴聞の期日における審理は、公開により行わなければならない。

（登録の抹消の制限等）

第十四条の四　都道府県知事は、行政書士に対し第十四条第二号又は第三号に掲げる処分をしようとする場合においては、行政手続法第十五条第一項の通知を発送し、又は同条第三項前段の掲示をした後直ちに日本行政書士会連合会にその旨を通知しなければならない。

2　日本行政書士会連合会は、行政書士について前項の通知を受けた場合においては、都道府県知事から第十四条第二号又は第三号に掲げる処分の手続が結了した旨の通知を受けるまでは、当該行政書士について第七条第一項第二号又は第二項各号の規定による登録の抹消をすることができない。

（懲戒処分の公告）

第十四条の五　都道府県知事は、第十四条又は第十四条の二の規定により処分をしたときは、遅滞なく、その旨を当該都道府県の公報をもつて公告しなければならない。

第七章　行政書士会及び日本行政書士会連合会

（行政書士会）

第十五条　行政書士は、都道府県の区域ごとに、会則を定めて、一箇の行政書士会を設立しなければならない。

2　行政書士会は、会員の品位を保持し、その業務の改善進歩を図るため、会員の指導及び連絡に関する事務を行うことを目的とする。

3　行政書士会は、法人とする。

4　一般社団法人及び一般財団法人に関する法律第四条及び第七十八条の規定は、行政書士会に準用する。

（行政書士会の会則）

第十六条　行政書士会の会則には、次の事項を記載しなければならない。

一　名称及び事務所の所在地
二　役員に関する規定
三　入会及び退会に関する規定
四　会議に関する規定
五　会員の品位保持に関する規定
六　会費に関する規定
七　資産及び会計に関する規定
八　行政書士の研修に関する規定
九　その他重要な会務に関する規定

（会則の認可）

第十六条の二　行政書士会の会則を定め、又はこれを変更するには、都道府県知事の認可を受けなければならない。ただし、行政書士会の事務所の所在地その他の総務省令で定める事項に係る会則の変更については、この限りでない。

（行政書士会の登記）

第十六条の三　行政書士会は、政令で定めるところにより、登記をしなければならない。

2　前項の規定により登記をしなければならない事項は、登記の後でなければ、これをもつて第三者に対抗することができない。

（行政書士会の役員）

第十六条の四　行政書士会に、会長、副会長及び会則で定めるその他の役員を置く。

2　会長は、行政書士会を代表し、その会務を総理する。

3　副会長は、会長の定めるところにより、会長を補佐し、会長に事故があるときはその職務を代理し、会長が欠員のときはその職務を行なう。

（行政書士の入会及び退会）

第十六条の五　行政書士は、第六条の二第二項の規定による登録を受けた時に、当然、その事務所の所在地の属する都道府県の区域に設立されている行政書士会の会員となる。

2　行政書士は、他の都道府県の区域内に事務所を移転したときは、その移転があつたときに、当然、従前の行政書士会を退会し、当該都道府県の区域に設立されている行政書士会の会員となる。

3　行政書士は、第七条第一項各号の一に該当するに至つたとき又は同条第二項の規定により登録を抹消されたときは、その時に、当然、その所属する行政書士会を退会する。

（行政書士法人の入会及び退会）

第十六条の六　行政書士法人は、その成立の時に、主たる事務所の所在地の行政書士会の会員となる。

２　行政書士法人は、その事務所の所在地の属する都道府県の区域外に事務所を設け、又は移転したときは、事務所の新所在地においてその旨の登記をした時に、当該事務所の所在地の属する都道府県の区域に設立されている行政書士会の会員となる。

３　行政書士法人は、その事務所の移転又は廃止により、当該事務所の所在地の属する都道府県の区域内に事務所を有しないこととなつたときは、旧所在地においてその旨の登記をした時に、当該都道府県の区域に設立されている行政書士会を退会する。

４　行政書士法人は、第二項の規定により新たに行政書士会の会員となつたときは、会員となつた日から二週間以内に、登記事項証明書及び定款の写しを添えて、その旨を、当該行政書士会を経由して、日本行政書士会連合会に届け出なければならない。

５　行政書士法人は、第三項の規定により行政書士会を退会したときは、退会の日から二週間以内に、その旨を、当該行政書士会を経由して、日本行政書士会連合会に届け出なければならない。

６　行政書士法人は、解散した時に、その所属するすべての行政書士会を退会する。

（行政書士会の報告義務）

第十七条　行政書士会は、毎年一回、会員に関し総務省令で定める事項を都道府県知事に報告しなければならない。

２　行政書士会は、会員が、この法律又はこの法律に基づく命令、規則その他都道府県知事の処分に違反したと認めるときは、その旨を都道府県知事に報告しなければならない。

（日本行政書士会連合会）

第十八条　全国の行政書士会は、会則を定めて、日本行政書士会連合会を設立しなければならない。

２　日本行政書士会連合会は、行政書士会の会員の品位を保持し、その業務の改善進歩を図るため、行政書士会及びその会員の指導及び連絡に関する事務を行い、並びに行政書士の登録に関する事務を行うことを目的とする。

（日本行政書士会連合会の会則）

第十八条の二　日本行政書士会連合会の会則には、次の事項を記載しなければならない。

一　第十六条第一号、第二号及び第四号から第八号までに掲げる事項

二　行政書士の登録に関する規定

三　資格審査会に関する規定

四　その他重要な会務に関する規定

第十八条の三　削除

（資格審査会）

第十八条の四　日本行政書士会連合会に、資格審査会を置く。

２　資格審査会は、日本行政書士会連合会の請求により、第六条の二第二項の規定による登録の拒否、第六条の五第一項の規定による登録の取消し又は第七条第二項の規定による登録の抹消について必要な審査を行うものとする。

３　資格審査会は、会長及び委員四人をもつて組織する。

４　会長は、日本行政書士会連合会の会長をもつて充てる。

５　委員は、会長が、総務大臣の承認を受けて、行政書士、総務省の職員及び学識経験者のうちから委嘱する。

６　委員の任期は、二年とする。ただし、欠員が生じた場合の補欠の委員の任期は、前任者の残任期間とする。

７　前各項に規定するもののほか、資格審査会の組織及び運営に関し必要な事項は、総務省令で定める。

（行政書士会に関する規定の準用）

第十八条の五　第十五条第三項及び第四項並びに第十六条の二から第十六条の四までの規定は、日本行政書士会連合会に準用する。この場合において、第十六条の二中「都道府県知事」とあるのは、「総務大臣」と読み替えるものとする。

（監督）

第十八条の六　都道府県知事は行政書士会につき、総務大臣は日本行政書士会連合会につき、必要があると認めるときは、報告を求め、又はその行なう業務について勧告することができる。

第八章　雑　則

（業務の制限）

第十九条　行政書士又は行政書士法人でない者は、業として第一条の二に規定する業務を行うことができない。ただし、他の法律に別段の定めがある場合及び定型的かつ容易に行えるものとして総務省令で定める手続について、当該手続に関し相当の経験又は能力を有する者として総務省令で定める者が電磁的記録を作成する場合は、この限りでない。

２　総務大臣は、前項に規定する総務省令を定めるときは、あらかじめ、当該手続に係る法令を所管する国務大臣の意見を聴くものとする。

（名称の使用制限）

第十九条の二　行政書士でない者は、行政書士又はこれと紛らわしい名称を用いてはならない。

２　行政書士法人でない者は、行政書士法人又はこれと紛らわしい名称を用いてはならない。

３　行政書士会又は日本行政書士会連合会でない者は、行政書士会若しくは日本行政書士会連合会又はこれらと紛らわしい名称を用いてはならない。

（行政書士の使用人等の秘密を守る義務）

第十九条の三　行政書士又は行政書士法人の使用人その他の従業者は、正当な理由がなく、その業務上取り扱つた事項について知り得た秘密を漏らしてはならない。行政書士又は行政書士法人の使用人その他の従業者でなくなつた後も、また同様とする。

（資質向上のための援助）

第十九条の四　総務大臣は、行政書士の資質の向上を図るため、講習会の開催、資料の提供その他必要な援助を行うよう努めるものとする。

（総務省令への委任）

第二十条　この法律に定めるもののほか、行政書士又は行政書士法人の業務執行、行政書士会及び日本行政書士会連合会に関し必要な事項は、総務省令で定める。

第九章　罰　則

第二十条の二　第四条の七第一項の規定に違反した者は、一年以下の懲役又は五十万円以下の罰金に処する。

第二十条の三　第四条の十四第二項の規定による試験事務の停止の命令に違反したときは、その違反行為をした指定試験機関の役員又は職員は、一年以下の懲役又は五十万円以下の罰金に処する。

第二十一条　次の各号のいずれかに該当する者は、一年以下の懲役又は百万円以下の罰金に処する。

一　行政書士となる資格を有しない者で、日本行政書士会連合会に対し、その資格につき虚偽の申請をして行政書士名簿に登録させたもの

二　第十九条第一項の規定に違反した者

第二十二条　第十二条又は第十九条の三の規定に違反した者は、一年以下の懲役又は百万円以下の罰金に処する。

2　前項の罪は、告訴がなければ公訴を提起することができない。

第二十二条の二　第四条の七第二項の規定に違反して不正の採点をした者は、三十万円以下の罰金に処する。

第二十二条の三　次の各号のいずれかに該当するときは、その違反行為をした指定試験機関の役員又は職員は、三十万円以下の罰金に処する。

一　第四条の十の規定に違反して帳簿を備えず、帳簿に記載せず、若しくは帳簿に虚偽の記載をし、又は帳簿を保存しなかつたとき。

二　第四条の十二第一項又は第二項の規定による報告を求められて、報告をせず、若しくは虚偽の報告をし、又はこれらの規定による立入り若しくは検査を拒み、妨げ、若しくは忌避したとき。

三　第四条の十三第一項の規定による許可を受けないで試験事務の全部を廃止したとき。

第二十二条の四　第十九条の二の規定に違反した者は、百万円以下の罰金に処する。

第二十三条　第九条又は第十一条の規定に違反した者は、百万円以下の罰金に処する。

2　行政書士法人が第十三条の十七において準用する第九条又は第十一条の規定に違反したときは、その違反行為をした行政書士法人の社員は、百万円以下の罰金に処する。

第二十三条の二　次の各号のいずれかに該当する者は、三十万円以下の罰金に処する。

一　第十三条の二十の二第六項において準用する会社法第九百五十五条第一項の規定に違反して、同項に規定する調査記録簿等に同項に規定する電子公告調査に関し法務省

令で定めるものを記載せず、若しくは記録せず、若しくは虚偽の記載若しくは記録をし、又は当該調査記録簿等を保存しなかつた者

二　第十三条の二十二第一項の規定による当該職員の検査を拒み、妨げ、又は忌避した者

第二十三条の三　法人の代表者又は法人若しくは人の代理人、使用人その他の従業者が、その法人又は人の業務に関し、前条第一号の違反行為をしたときは、その行為者を罰するほか、その法人又は人に対して同条の刑を科する。

第二十四条　行政書士会又は日本行政書士会連合会が第十六条の三第一項（第十八条の五において準用する場合を含む。）の規定に基づく政令に違反して登記をすることを怠つたときは、その行政書士会又は日本行政書士会連合会の代表者は、三十万円以下の過料に処する。

第二十五条　次の各号のいずれかに該当する者は、百万円以下の過料に処する。

一　第十三条の二十の二第六項において準用する会社法第九百四十六条第三項の規定に違反して、報告をせず、又は虚偽の報告をした者

二　正当な理由がないのに、第十三条の二十の二第六項において準用する会社法第九百五十一条第二項各号又は第九百五十五条第二項各号に掲げる請求を拒んだ者

第二十六条　次の各号のいずれかに該当する場合には、行政書士法人の社員又は清算人は、三十万円以下の過料に処する。

一　この法律に基づく政令の規定に違反して登記をすることを怠つたとき。

二　第十三条の二十の二第二項又は第五項の規定に違反して合併をしたとき。

三　第十三条の二十の二第六項において準用する会社法第九百四十一条の規定に違反して同条の調査を求めなかつたとき。

四　定款又は第十三条の二十一第一項において準用する会社法第六百十五条第一項の会計帳簿若しくは第十三条の二十一第一項において準用する同法第六百十七条第一項若しくは第二項の貸借対照表に記載し、若しくは記録すべき事項を記載せず、若しくは記録せず、又は虚偽の記載若しくは記録をしたとき。

五　第十三条の二十一第二項において準用する会社法第六百五十六条第一項の規定に違反して破産手続開始の申立てを怠つたとき。

六　第十三条の二十一第二項において準用する会社法第六百六十四条の規定に違反して財産を分配したとき。

七　第十三条の二十一第二項において準用する会社法第六百七十条第二項又は第五項の規定に違反して財産を処分したとき。

著者紹介

阿部泰隆（あべ やすたか）　弁護士

1942年３月　福島市生れ、

学　歴　1960年　福島県立福島高校卒業

1964年　東京大学法学部卒業・同学部助手

1967年　神戸大学法学部助教授、1977年より同教授

2000年４月より同大学大学院法学研究科教授

2005年４月神戸大学名誉教授、中央大学教授、弁護士（現在に至る）

2012年　中央大学教授定年退職

学　位　東京大学法学博士（1972年６月、論文博十）

著　書（単独著）

『フランス行政訴訟論』（有斐閣、1971年）（学位論文）、『行政救済の実効性』（弘文堂、1985年）、『事例解説行政法』（日本評論社、1987年）、『行政裁量と行政救済』（三省堂、1987年）、『国家補償法』（有斐閣、1988年）、『国十開発と環境保全』（日本評論社、1989年）、『行政法の解釈』（信山社、1990年）、『行政訴訟改革論』（有斐閣、1993年）、『政務法務からの提言』（日本評論社、1993年）、「大震災の法と政策』（日本評論社、1995年）、『政策法学の基本指針』（弘文堂、1996年）、『行政の法システム上・下［新版］』（有斐閣、1997年）、『〈論争・提案〉情報公開』（日本評論社、1997年）、『行政の法システム入門』（放送大学教育振興会、1998年）、『政策法学と自治条例』（信山社、1999年）、『定期借家のかしこい貸し方・借り方』（信山社、2000年）、『こんな法律は要らない』（東洋経済新報社、2000年）、『やわらか頭の法政策』（信山社、2001年）、『政策法学講座』（第一法規、2003年）、『内部告発（ホイッスルブロウワァー）の法的設計』（信山社、2003年）、『行政訴訟要件論』（弘文堂、2003年）、『京都大学井上事件』（信山社、2004年）、『行政法の解釈⑵』（信山社、2005年）、『やわらか頭の法戦略』（第一法規、2006年）、『対行政の企業法務戦略』（中央経済社、2007年）、『行政法解釈Ⅰ』（有斐閣、2008年）、『行政法解釈Ⅱ』（有斐閣、2009年）、『行政法の進路』（中央大学出版部、2010年）、『最高裁不受理事件の諸相Ⅱ』（信山社、2011年）

租税法学会、環境法政策学会、法と経済学会の各学会の理事。詳しくは、http：//www.eonet.ne.jp/～greatgragon/参照。

行政書士の業務 その拡大と限界

初版第１刷発行　2012年10月31日

著　者　阿 部 泰 隆

発行者　今井 貴・稲葉文子

発行所　株式会社 信 山 社

〒113-0033　東京都文京区本郷6-2-9-102

TEL 03-3818-1019　FAX 03-3818-0344

印刷・製本　東洋印刷・牧製本

ISBN978-4-7972-8592-5　C3032